AF549689

S
V
H

Deutschdidaktik für die Primarstufe

Band 6

Sprache und Sprachgebrauch untersuchen

Mit dem Konzept KIDSS kompetenzorientiert unterrichten

Praxis

von

Corinna Luptowicz

herausgegeben von

Julia Knopf & Ulf Abraham

Schneider Verlag Hohengehren

Deutschdidaktik für die Primarstufe
Reihenherausgeber: Julia Knopf & Ulf Abraham

Umschlag:
Jette Neuner

Teil 2 der an der Universität des Saarlandes angenommenen Dissertation „KIDSS – ein kompetenzorientiertes und individualisierendes fachdidaktisches Unterrichtskonzept zum Bereich *Sprache und Sprachgebrauch untersuchen* in der Primarstufe“

Erstgutacherin: Prof. Dr. Julia Knopf
Zweitgutachterin: Prof. Dr. Stefanie Haberzettl
Drittgutachter: Prof. Dr. Ulf Abraham

Bibliografische Information der Deutschen Nationalbibliothek
Die Deutsche Nationalbibliothek verzeichnet diese Publikation in der Deutschen Nationalbibliografie; detaillierte bibliografische Daten sind im Internet über http://dnb.d-nb.de abrufbar.

ISBN: 978-3-8340-2158-8

Schneider Verlag Hohengehren
Wilhelmstrasse 13
D-73666 Baltmannsweiler

homepage: www.paedagogik.de

Alle Rechte, insbesondere das Recht der Vervielfältigung sowie der Übersetzung, vorbehalten. Kein Teil des Werkes darf in irgendeiner Form (durch Fotokopie, Mikrofilm oder ein anderes Verfahren) ohne schriftliche Genehmigung des Verlages reproduziert werden.

© Schneider Verlag Hohengehren, 2021.
Printed in Germany
Druck: Appel & Klinger, Schneckenlohe

Vorwort

„Lernen ist Erfahrung. Alles andere ist einfach nur Information.“

Was Albert Einstein vor über 100 Jahren zum Lernen feststellte, ist heute aktueller denn je. Sowohl bildungspolitische Vorgaben als auch grundschulpädagogische und lerntheoretische Erkenntnisse fordern für die Primarstufe einen handlungsorientierten Unterricht, der an den unterschiedlichen Erfahrungen der Lernenden anknüpft. Mit individualisierenden Maßnahmen soll dafür Sorge getragen werden, dass *alle* Kinder ihre Kompetenzen erweitern. Im Mittelpunkt stehen dabei nicht die Inhalte, sondern die Lernenden selbst. Dies gilt ebenso für den Kompetenzbereich *Sprache und Sprachgebrauch untersuchen* im Deutschunterricht. Die Lernenden sollen – eingebettet in lebensweltliche Themen – Sprache und Kommunikation unter die Lupe nehmen und in vielfältigen kindgerechten Situationen darüber reflektieren. Da es sich um einen Bereich handelt, zu dem bereits Kleinkinder zahlreiche Vorerfahrungen sammeln, beispielsweise durch lustige Sprachspielereien oder das Erproben pragmatischer Handlungsmuster im Bereich der *Höflichkeit*, liegt eine solche erwerbsorientierte Ausrichtung des Unterrichts auf der Hand und wird von Seiten der Sprachdidaktik seit der kommunikativen Wende gefordert. Bisherige Entwürfe fokussieren jedoch nur einzelne Ausschnitte anstelle des gesamten Kompetenzbereichs. Für einen kompetenzorientierten Unterricht fehlt Lehrkräften damit immer noch eine Planungshilfe; Studien zufolge orientieren sich diese vermutlich so eher am eigenen Schulunterricht (vgl. Seifert & Wiedenhorn 2018, 150). Es wird vermutet, dass Unterricht kaum die individuellen Dispositionen der Kinder aufgreift, Inhalte werden eher weniger handlungsorientiert vermittelt. Usus ist ein vornehmlich gleichschrittiges Auswendiglernen von Merksätzen zu grammatischen Kategorien, die dabei vermittelten Fachbegriffe bleiben oftmals inhaltsleer. Beispielsweise sollen die Kinder den Kasus von Satzgliedern bestimmen, obwohl die Kasusmarkierung im Sprachgebrauch dieser Altersgruppe noch nicht gesichert ist (vgl. ausführlich Luptowicz 2021, 23ff.). Daneben reduzieren Sprachbücher innovativere Standards wie *sprachliche Verständigung untersuchen* oder *Gemeinsamkeiten und Unterschiede von Sprachen entdecken* auf wenige Einzelseiten. Ein Transfer auf die kindliche Lebenswelt sowie die dadurch angestrebte „situationsangemessene Sprachverwendung“ (KMK 2005, 9) werden damit weniger wahrscheinlich. Eine erwerbsorientierte Umsetzung des Kompetenzbereichs bleibt eine Herausforderung.

Hier knüpft das Konzept *KIDSS* an. Es handelt sich dabei um den zweiten Teil meiner 2019 vorgelegten Dissertation *KIDSS – ein kompetenzorientiertes und individualisierendes, fachdidaktisches Unterrichtskonzept zum Bereich ‚Sprache und Sprachgebrauch untersuchen' in der Primarstufe*. Durch eine interdisziplinäre Vorgehensweise, die erwerbsorientiert ausgerichtet ist, deckt KIDSS nicht nur alle Standards (vgl. KMK 2005, 13) ab und weitet diese sinnvoll aus. Zusätzlich sind für eine höhere Praxisorientierung u.a. Erklärungsansätze wichtiger Bezugsdisziplinen (wie Lern- und Sprachpsychologie, Grundschulpädagogik) sowie Analysen zum Unterrichtsalltag integriert. Auf diese Weise kann zum einen an den Vorerfahrungen der Heranwachsenden angeknüpft werden und zum anderen wird das Konzept anschlussfähig für Lehrkräfte. Handlungsorientierung ist sowohl Ausgangspunkt als auch Leitgedanke bei der methodischen Umsetzung. Durch die Vorgabe konkreter Bausteine erhalten Lehrkräfte die bislang für den Unterricht fehlende Planungshilfe für den gesamten Kompetenzbereich. Die ausführliche theoretische Grundlage des Konzepts befindet sich im Theorieband der Reihe.

Forschungsschwerpunkte liegen in der Sprachdidaktik bezogen auf den Kompetenzbereich *Sprache und Sprachgebrauch untersuchen* derzeit vor allem im empirischen und weniger im konzeptionellen Bereich, daher danke ich meiner Doktormutter Prof. Dr. Julia Knopf für die ermutigende Betreuung und das konstruktive Feedback, die mich in der interdisziplinären und konzeptionellen Vorgehensweise bestärkt haben. Prof. Dr. Stefanie Haberzettl danke ich für ihre wertvollen Ratschläge und die Übernahme des Zweitgutachtens. Ferner möchte ich mich bei Prof. Dr. Ulf Abraham für die Übernahme des Drittgutachtens bedanken. Ihm und Julia Knopf danke ich darüber hinaus in der Funktion als Herausgeber für die Möglichkeit, meine Dissertation in ihrer Schriftenreihe *Deutschdidaktik für die Grundschule* publizieren zu dürfen. Ein weiterer Dank für die Hilfsbereitschaft und für inspirierende Denkanstöße geht an meine ehemaligen Saarbrücker Kolleginnen des Lehrstuhls *Fachdidaktik Deutsch Primarstufe* Ann-Kristin Müller, Sina-Marie Schneider, Eva Schrenker und ganz besonders an Tania Kraft und Sandra Druschke. Jette Theiß-Neuner danke ich für die Illustration der beiden Cover und Ann-Kathrin Weber-Lenkel für die Hilfe bei der formalen Gestaltung. Mein besonderer Dank gilt meiner Familie für die Geduld und emotionale Unterstützung.

Mannsgereuth, im Mai 2021

Corinna Luptowicz

Inhaltsverzeichnis

A Einleitung 1

B Das Konzept KIDSS 11

1. Begriffsklärung 13

2. Begründung 14

3. Zielsetzung 17

4. KIDSS-orientierte Lerninhalte 18

5. Handlungsempfehlungen für den Unterricht 19

5.1 Prinzipien von KIDSS 20

5.2 Unterrichtsorganisatorische Hinweise 22
5.2.1 3-Ebenen-Modell 23
5.2.2 Didaktische Landkarte 24

5.3 Methodisch-didaktische Überlegungen 25
5.3.1 Individualisierte Lernziele bzw. Kompetenzniveaus 26
5.3.1.1 Grammatisches Können 27
5.3.1.2 Metasprachliche Fähigkeiten 28
5.3.1.3 Metakommunikative Fähigkeiten 30

5.3.2 KIDSS-orientierte Lernwege 31
5.3.2.1 Grammatisches Können 31
5.3.2.2 Metasprachliche und metakommunikative Fähigkeiten 32

5.3.3 Innovative Lernevaluation 36
5.3.3.1 Stärken-Schwächen-Profile 37
5.3.3.2 KIDSS-orientierte Reflexion im Klassenverband 41
5.3.3.3 KIDSS-orientierte Lernevaluation im KIDSS-Buch 41

C Beispiele 43

1. Impulse für thematische Anknüpfungspunkte von KIDSS 43

1.1 Demokratie und Gesellschaft 44

1.2 Raum und Mobilität 50

1.3 Natur und Umwelt 53

1.4 Zeit und Wandel 55

2. Kindheit früher und heute 60

2.1 Einbettung in einen fächerintegrativen und sprachintensiven Unterricht 60

2.2 Umsetzung des Kompetenzbereichs „Sprache und Sprachgebrauch untersuchen“ am Beispiel der Domäne *Familie* 62

2.2.1 Bilderbücher als Erziehungsmittel zur Zeit der Ur-Großeltern 63

2.2.2 Hausaufgaben – Ein Rap als Anlass zur Reflexion über familiäre Kommunikation in einer typischen Alltagssituation 74

2.2.3 „Verkehrte Welt“-Beispiel als Anlass zur Reflexion des familiären Kommunikationsverhaltens heute 85

2.2.4 KIDSS-Lexika 94

2.2.5 Erweiterung des individuellen grammatischen Könnens durch die Formate Lese-KIDSS und Spiel-KIDSS 96

D Fazit und Perspektiven 99

Literaturverzeichnis

Abbildungsverzeichnis

Tabellenverzeichnis

A Einleitung

„Es liegt nicht an den Kindern, den Normen der Schule zu entsprechen; es ist Aufgabe der Schule, der Verschiedenheit der Kinder Rechnung zu tragen.“ (Celestin Freinet)

Was in der Grundschulpädagogik seit mehr als 100 Jahren selbstverständlich ist, nämlich den Unterricht an den individuellen Dispositionen der Lernenden auszurichten (vgl. z.B. Schorch 2007, 179; Seifert & Wiedenhorn 2018, 219), stellt für den Kompetenzbereich *Sprache und Sprachgebrauch untersuchen* der Primarstufe bislang immer noch eine Herausforderung dar. Das liegt vermutlich v.a. daran, dass bildungspolitische Vorgaben, der aktuelle Stand der Sprachdidaktik sowie die unterrichtliche Realität in einem Missverhältnis stehen:

- Bildungspolitische Vorgaben fordern Gegensätzliches: Sie wollen einerseits immer noch eine Vermittlung traditioneller grammatischer Themen und andererseits eine individualisierte Reflexion über Sprache und Kommunikation (vgl. KMK 2005).
- Aktuelle Konzepte der Sprachdidaktik begreifen *Handlungsorientierung* entweder als erwerbsorientierte Inhalte *oder* als operative Methodik. Der Fokus liegt aktuell zunehmend auf spezifischer empirischer Unterrichtsforschung oder ausgewählten erwerbsorientierten Impulsen – weniger auf konzeptuellen Arbeiten, die eine konkrete Planungshilfe für den Unterricht geben.
- Wenige Analysen zur unterrichtlichen Realität und eher traditionell ausgerichtete Sprachbücher lassen subjektive Konzepte bei der Umsetzung im Unterricht in Orientierung an der eigenen Schulzeit vermuten. Eine Ausrichtung an den Spracherfahrungen der Lernenden ist damit wenig wahrscheinlich.

Bildungspolitische Vorgaben: traditionelle Grammatikvermittlung vs. individualisierte Reflexion über Sprache und Kommunikation

Innerhalb des Faches Deutsch handelt es sich bei *Sprache und Sprachgebrauch untersuchen* um einen von vier Kompetenzbereichen neben *Sprechen und Zuhören*, *Schreiben* (inklusive *richtig schreiben*) sowie *Lesen – mit Texten und Medien umgehen* (vgl. Abb. 1). Im Sinne des integrativen Deutschunterrichts liegt der Bereich quer zu den anderen Kom-petenzbereichen – die Kinder reflektieren über Sprache und Sprachgebrauch indem sie schreiben, sprechen und zuhören oder lesen. Es handelt sich um eine *funktionale* Perspektive, eine isolierte Grammatikvermittlung wie im traditionellen Grammatikunter-richt ist nicht mehr angedacht.

Sprechen und Zuhören	Schreiben	Lesen – mit Texten und Medien umgehen
• zu anderen sprechen • verstehend zuhören • Gespräche führen • szenisch spielen • über Lernen sprechen	• über Schreibfertigkeiten verfügen • richtig schreiben • Texte planen • Texte schreiben • Texte überarbeiten	• über Lesefähigkeiten verfügen • über Leseerfahrungen verfügen • Texte erschließen • Texte präsentieren

Methoden und Arbeitstechniken

Methoden und Arbeitstechniken werden jeweils in Zusammenhang mit den Inhalten jedes einzelnen Kompetenzbereichs erworben.

Sprache und Sprachgebrauch untersuchen

- grundlegende sprachliche Strukturen und Begriffe kennen
- sprachliche Verständigung untersuchen
- an Wörtern, Sätzen, Texten arbeiten
- Gemeinsamkeiten und Unterschiede von Sprachen entdecken

Abb. 1: Kompetenzbereiche im Fach Deutsch Primarstufe (KMK 2005, 7)

Im Einzelnen werden Kompetenzen für die Standards *sprachliche Verständigung untersuchen*; *an Wörtern, Sätzen, Texten arbeiten*; *Gemeinsamkeiten und Unterschiede von Sprachen entdecken* sowie *grundlegende sprachliche Strukturen und Begriffe kennen und verwenden* verbindlich vorgegeben (KMK 2005, 13):

Sprachliche Verständigung untersuchen:

- Beziehungen zwischen Absicht – sprachlichen Merkmalen – Wirkungen untersuchen,
- Unterschiede von gesprochener und geschriebener Sprache kennen,
- Rollen von Sprecher/ Schreiber – Hörer/ Leser untersuchen und nutzen,
- über Verstehens- und Verständigungsprobleme sprechen.

An Wörtern, Sätzen, Texten arbeiten:

- Wörter strukturieren und Möglichkeiten der Wortbildung kennen,
- Wörter sammeln und ordnen,
- sprachliche Operationen nutzen: umstellen, ersetzen, ergänzen, weglassen,
- die Textproduktion und das Textverständnis durch die Anwendung von sprachlichen Operationen unterstützen,
- mit Sprache experimentell und spielerisch umgehen.

Gemeinsamkeiten und Unterschiede von Sprachen entdecken:

- Deutsch – Fremdsprache, Dialekt – Standardsprache; Deutsch – Muttersprachen der Kinder mit Migrationshintergrund; Deutsch – Nachbarsprachen
- gebräuchliche Fremdwörter untersuchen

Grundlegende sprachliche Strukturen kennen und verwenden (vgl. Abb. 2)

Grundlegende sprachliche Strukturen und Begriffe

Es geht hier in erster Linie um die mit Begriffen und Strukturen gemeinten Kategorien. Die Bezeichnungen dafür können unterschiedlich sein.

Wort	Buchstabe, Laut, Selbstlaut, Mitlaut, Umlaut, Silbe, Alphabet
	Wortfamilie, Wortstamm, Wortbaustein Wortfeld Wortart
	Nomen: Einzahl, Mehrzahl, Fall, Geschlecht
	Verb: Grundform, gebeugte Form Zeitformen: Gegenwart, Vergangenheitsformen
	Artikel: bestimmter Artikel, unbestimmter Artikel
	Adjektiv: Grundform, Vergleichsstufen
	Pronomen
	andere Wörter (alle hier nicht kategorisierten Wörter gehören zu dieser Restkategorie)
Satz	Satzzeichen: Punkt, Komma, Fragezeichen, Ausrufezeichen, Doppelpunkt, Redezeichen Satzart: Aussage-, Frage-, Ausrufesatz wörtliche Rede
	Subjekt
	Prädikat/Satzkern
	Ergänzungen: Satzglied; einteilige, mehrteilige Ergänzung
	Vergangenheit, Gegenwart, Zukunft (als Zeitstufen)

Abb. 2: Grundlegende sprachliche Strukturen und Begriffe (KMK 2005, 14)

Im Einklang mit grundschulpägagogischen Forderungen wird bei der Umsetzung für eine Individualisierung des Unterrichts plädiert, denn:

> „Kinder bringen sehr unterschiedliche Erfahrungen und Voraussetzungen für das Lernen mit. Die Grundschule und besonders der Deutschunterricht stehen vor der Herausforderung, an den jeweiligen Entwicklungsstand des einzelnen Kindes […] anzuknüpfen. […] In lebensnahen und kindgemäßen Situationen und an bedeutsamen Inhalten entwickeln die Schülerinnen und Schüler die Fähigkeit, geschriebene und gesprochene Sprache situationsangemessen, sachgemäß, partnerbezogen und zielgerichtet zu gebrauchen." (KMK 2005, 6)

Der Unterricht soll integrativ und funktional, aktiv-entdeckend, individualisierend und differenzierend sein und sich durch soziales Lernen, Lebensweltbezug sowie prozessorientiertes Feedback auszeichnen (vgl. KMK 2005, 8; 2015a, 10). Dies wird an innovativen Standards wie *sprachliche Verständigung untersuchen* oder *Gemeinsamkeiten und Unterschiede von Sprachen entdecken* ersichtlich, die ebenso von pragmatischen Perspektiven der Sprachdidaktik für die Primarstufe gestützt werden (vgl. z.B. Riegler 2006) und sich auch an den kindlichen Dispositionen orientieren. Gerade für die Reflexion über Sprache und Kommunikation verfügen die Heranwachsenden nämlich über zahlreiche Vorerfahrungen, an die der Unterricht anknüpfen kann – sei es beispielsweise die Vorliebe für lustige Sprachspielereien, die Reflexion von Wort- und Äußerungsbedeutungen oder das Nachdenken über Höflichkeit und Gesprächsnormen (vgl. z.B. Andresen 2014, 178; Lang 2011, 190f.; Stude 2014, 116ff.; ausführlich Luptowicz 2021, Kapitel B2).

Gleichzeitig müssen Lehrkräfte aber ebenso Begriffswissen vermitteln, das sich an einer seit Erscheinen sowohl aus linguistischer als auch sprachdidaktischer Perspektive stark kritisierten Terminologieliste (vgl. Abb. 2; vgl. z.B. Peyer 2011, 104) orientiert und auf die Ebenen *Wort* und *Satz* beschränkt ist. Die Liste führt eher weniger zu einem erwerbsorientierten Unterricht als vielmehr zur oftmals traditionellen Grammatikvermittlung, die seit der kommunikativen Wende der 1970er Jahre durch andere handlungsorientierte Konzepte ersetzt werden soll (wie etwa die *Grammatikwerkstatt*, vgl. Menzel 1999; *Handlungsorientierter Grammatikunterricht*, vgl. Bartnitzky 2016 oder der *Funktionale Grammatikunterricht*, vgl. Köller 1998). Das Beharren auf den Kategorien dieser Liste erschwert eine tatsächliche Individualisierung des Unterrichts – dies wird umso deutlicher, wenn Erklärungsansätze zum kindlichen Spracherwerb betrachtet werden (vgl. ausführlich Luptowicz 2021, Kapitel B2), die aufzeigen, dass zu den entsprechenden Kategorien (z.B. Kasusmorphologie) in der Altersgruppe implizites Wissen noch fehlt oder stark fehleranfällig ist (vgl. z.B. Kauschke 2000, Lipkowski 2017, Müller 2013; Szagun 2016, Tomasello 2007). Im Fokus sollte im Primarbereich eher die Förderung des grammatischen Könnens stehen, wobei Lernmechanismen aus dem natürlichen Spracherwerb wie *Imitation*, *Analogiebildung* oder *Häufigkeiten im Input* didaktisch nutzbar gemacht werden müssen. Es gilt, diejenigen Strukturen und Muster vermehrt in den Unterricht zu integrieren, die von den Kindern in einem nächsten Schritt erworben werden (vgl. Ruberg & Rothweiler 2012, 48).

Eine Weiterentwicklung der Bildungsstandards ist, begründet mit Erkenntnissen zur kindlichen Sprachentwicklung in den folgenden Bereichen dringend erforderlich (vgl. Luptowicz 2021, 154):

- Verzicht auf die verbindliche Vermittlung von formalem Begriffswissen zu grammatischen Themen zugunsten einer Stärkung des grammatischen Könnens
- Entwicklung von Kompetenzmodellen zu allen Standards als Grundlage für die Individualisierung des Unterrichts
- Ausdifferenzieren aller Standards und Fixieren eines Fundamentums, das am sprachlichen Können der Kinder ausgerichtet ist
- Explizite Hinweise zur Unterrichtsgestaltung mit lernbereichs- und fächerübergreifenden Beispielen

Position der Sprachdidaktik: erwerbsorientierte Inhalte vs. handlungsorientierte Methodik, Interdisziplinarität vs. spezifische empirische Unterrichtsforschung

In den letzten Jahrzehnten wurden v.a. seit der kommunikativen Wende einige innovative fachdidaktische Unterrichtskonzepte vorgelegt (vgl. z.B. Boettcher & Sitta 1978, Köller 1997, Riegler 2006, Bartnitzky 2016), die für eine handlungsorientierte Auseinandersetzung mit den Inhalten plädieren und damit Alternativen zur traditionellen Grammatikvermittlung im Sinne eines formal-systematischen Vorgehens aufzeigen (vgl. Luptowicz 2021, 96ff.). Der Begriff der Handlungsorientierung wird dabei unterschiedlich ausgelegt: Während die einen Konzepte sich an den Sprachhandlungen der Lernenden orientieren wollen (wie z.B. Riegler 2006, Hochstadt 2015), legen andere eher den Schwerpunkt auf die Methodik – das Operieren mit Sprache (vgl. Bartnitzky 2016). Um der eingangs angeführten Forderung Freinets und den unterschiedlichen Lernvoraussetzungen der Kinder gerecht zu werden, braucht es beides: Zunächst eine Orientierung an den kindlichen Voraussetzungen, woran eine handlungsorientierte Umsetzung in Orentierung an den Erwerbsmechanismen des natürlichen Spracherwerbs (*Imitation*, *Häufigkeiten im Input*, *Analogiebildung*) anschließt. Erkenntnisse aus dem Elementarbereich weisen darauf hin, dass Heranwachsende gerade im metasprachlichen und metakommunikativen Bereich ausgeprägte Vorerfahrungen besitzen, an die der Unterricht mehr anknüpfen muss (vgl. u.a. Stude 2014, 131; Krafft 2014, 45; Lipkowski 2017, 120). Bisherige Konzepte zum Kompetenzbereich geben entweder für die Schulung des grammatischen Könnens oder für die Reflexion kommunikativ-pragmatischer Aspekte wichtige Impulse, die in einem umfassenden Konzept zu integrieren sind, das *alle* für den Unterricht relevanten Bereiche der Bildungsstandards abdeckt bzw. diese bei Bedarf durch weitere für die Altersgruppe relevante Inhalte ausweitet.

Bedeutsame Konzepte für den Primarbereich sind v.a. der *Handlungsorientierte Grammatikunterricht*, *Mimetisches Lernen im Grammatikunterricht*, *Nachdenken über Sprache* sowie als Basis für die Umsetzung der *Sprachintensive Unterricht* (vgl. ausführlich Luptowicz 2021, 96ff.):

- *Handlungsorientierter Grammatikunterricht*: Bartnitzky (2016) legt mit seinem Konzept Vorschläge für eine handlungsorientierte Vermittlung der traditionellen grammatischen Kategorien vor. Die Themen sind an authentischen Sprachhandlungen der Lernenden ausgerichtet, ein besonderer Fokus liegt auf dem mündlichen Sprachgebrauch. Den Kindern werden Strategien zur eigenständigen Erarbeitung der Kategorien an die Hand gegeben.

- *Mimetisches Lernen im Grammatikunterricht*: Hochstadt (2015) entwickelt ein spracherwerbsorientiertes Konzept für den Grammatikunterricht, das sich am mimetischen Lernen orientiert. Über den Erwerb und die Stabilisierung schriftsprachlicher Muster soll rezeptionsorientiert das sprachliche Können der Kinder geschult werden.

- *Nachdenken über Sprache*: Riegler (2006) nimmt vorrangig die metasprachlichen Vorerfahrungen der Kinder in den Bereichen Semantik und Pragmatik in den Blick, an die der Unterricht anknüpfen muss. Die Heranwachsenden sollen demnach über den eigenen Sprachgebrauch reflektieren, wodurch die sprachliche Handlungsfähigkeit gefördert wird.

- *Sprachintensiver Unterricht:* Kurtz u.a. (2015) legen ein integratives Konzept vor, das Sprachfördermaßnahmen direkt in den Regelunterricht einbettet. Den Lernenden sollen die einzelnen Themen durch bedeutungsvolle lebensweltliche Kontexte thematisch verdichtet vermittelt werden. Wichtig ist die zeitliche Tiefe, die Kinder arbeiten projektorientiert über mehrere Wochen an einem Themengebiet.

Für eine Integration in ein Gesamtkonzept, das sich interdisziplinär an bildungspolitischen Vorgaben, entwicklungspsychologischen sowie grundschulpädagogischen Perspektiven orientiert, bilden die Entwürfe eine breitgefächerte Grundlage. Allerdings lässt die Rezeption jeglicher seit der kommunikativen Wende erschienenen Vorschläge die Frage aufkommen, welche Elemente ein Unterrichtskonzept per se enthalten muss, um den Schritt in die Unterrichtspraxis zu erleichtern – die den wenigen Analysen zufolge noch eher von traditionellen Vorgehensweisen geprägt ist (siehe Herausforderung 3). Bausteine für ein Unterrichtskonzept lassen sich durch Erklärungsansätze der *Allgemeinen Didaktik* konkretisieren (vgl. z.B. Meyer 1994, 208; Glöckel 2003, 319). Um relevante kindliche Vorerfahrungen zu erfassen, die die Basis für einen individualisierten Unterricht bilden, muss die Vorgehensweise interdisziplinär angelegt sein. Ein erstes solches Modell für die Unterrichtskonzeptentwicklung im Bereich *Sprache und Sprachgebrauch untersuchen* zeigt Abbildung 3 (vgl. ausführlich Luptowicz 2021, Kapitel D).

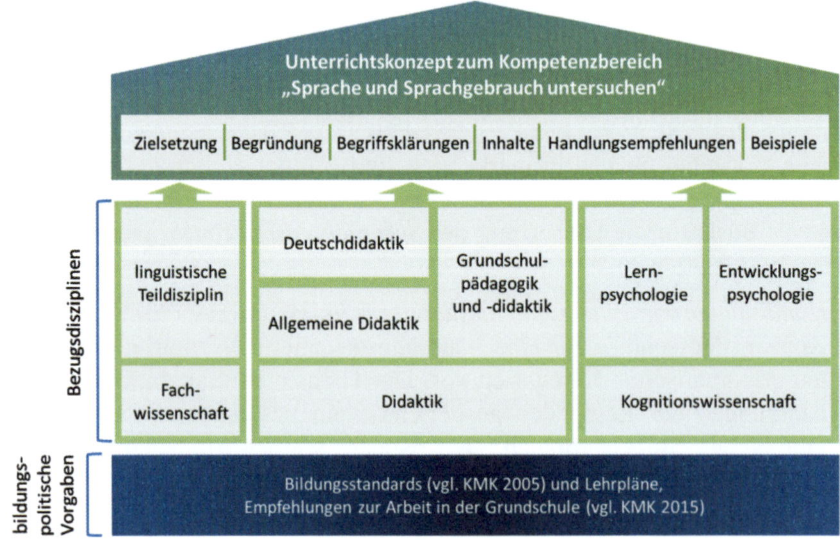

Abb. 3: Modell für die Unterrichtskonzeptentwicklung (Luptowicz 2021)

Das fertige Unterrichtskonzept bildet das Dach des Modells. Die einzelnen verbindlichen Bausteine (*Zielsetzung, Begründung, Begriffsklärungen, Inhalte, Handlungsempfehlungen, Beispiele*) sind aus Erklärungsansätzen der *Allgemeinen Didaktik* abgeleitet. Die Grundlage für das Konzept bilden die in der Mitte des Modells ersichtlichen *Bezugsdisziplinen* sowie als Fundament *bildungspolitische Vorgaben*. So sind beispielsweise im Bereich der *Didaktik* nicht nur der aktuelle Stand der *Deutschdidaktik* – insbesondere der *Sprachdidaktik* – zu berücksichtigen, sondern vielmehr ebenso Erklärungsansätze der *Grundschulpädagogik und -didaktik*, die in bisherigen Konzepten nur ansatzweise Berücksichtigung finden. Nur durch eine interdisziplinäre Ausrichtung ist es letztlich möglich, erwerbsorientierte Inhalte zu identifizieren und tatsächlich handlungsorientiert und individualisiert zu unterrichten.

Ein solches Modell zur Unterrichtskonzeptentwicklung kann ebenso der zunehmenden Forderung der Sprachdidaktik nach einer empirischen, fachdidaktischen Entwicklungsforschung (vgl. Hußmann 2013; Binanzer & Langlotz 2018) einen verbindlichen unterrichtlichen Rahmen geben.

Die unterrichtliche Realität: subjektive Konzepte und traditionell ausgerichtete Sprachbücher vs. die Forderung nach Individualisierung

Wenngleich es nur wenige Analysen zur tatsächlichen unterrichtlichen Realität im Bereich *Sprache und Sprachgebrauch untersuchen* der Primarstufe gibt, zeigen diese Tendenzen zu einem eher gleichschrittigen Vermitteln von Inhalten im Sinne einer subjektiven Didaktik der Lehrkraft (vgl. Seifert & Wiedenhorn 2018, 150). Diese Vermutung legen Erhebungen zu den Lehrkräften ebenso nahe wie solche zu verwendeten Sprachbüchern (vgl. ausführlich Luptowicz 2021, Kapitel C3):

Aussagen von Ivo & Neuland (1991), die das Fach- und fachdidaktische Wissen von Lehrkräften bereits vor 30 Jahren als unzureichend betitelten, werden auch von aktuellen Befragungsergebnissen noch bestätigt, die ferner eine eher negative Einstellung zum Kompetenzbereich vermuten lassen (vgl. z.B. Kahl 2007; Holzapfel 2010; Schulze 2011). Stahns & Bremerich-Vos (2013, 165) decken darüber hinaus auch fachliche Lücken in Unterrichtssituationen auf. An Sprachbüchern wird daneben nicht nur fachlich und fachdidaktisch Kritik geübt (vgl. z.B. Gaebert 2014, 134f.; Hlebec 2014, 180; Mesch & Dammert 2015, 12ff.), sondern ebenso dahingehend, dass diese sich nicht durchgängig an relevanten Sprachhandlungen aus der direkten (*Familie, Peers, Schule*) und indirekten (*Medien, Kultur*) kindlichen Lebenswelt orientieren – etwa indem digitale Medien teilweise nicht einmal erwähnt werden. Sprachbücher sind vornehmlich traditionell ausgerichtet und zeichnen sich zudem neben dem Lernen im Gleichschritt oftmals durch eine linguistisch inakzeptable Begriffsverwendung aus. Standards wie *sprachliche Verständigung untersuchen* sowie *Gemeinsamkeiten und Unterschiede von Sprachen entdecken* finden sich, wenn überhaupt, nur auf Einzelseiten. Der Fokus liegt eher auf traditionellen grammatischen Inhalten. Kompetenzorientiertes Lernen, das der Heterogenität der Kinder gerecht wird und aktuellen grundschulpädagogischen Erkenntnissen entspricht, ist kaum angedacht, da allen das gleiche explizite Wissen zu grammatischen Kategorien vermittelt wird. Anknüpfend an Erkenntnisse des *Handlungsorientierten Grammatikunterrichts* sowie des *Mimetischen Lernens* muss Unterricht eher in Form von Lernumgebungen stattfinden, die die Kinder mit ihren individuellen Vorerfahrungen auffangen.

Dass Lehrkräfte beim Kompetenzbereich *Sprache und Sprachgebrauch untersuchen* demnach inhaltlich und methodisch vor großen Herausforderungen stehen und der Unterricht Bartnitzky zufolge oftmals „wenig nütze, eher schädlich“ (ebd. 2016, 9) sei, verwundert eher weniger. Alles in allem zeigt sich, dass für den Bereich *Sprache und*

Sprachgebrauch untersuchen der Primarstufe folgende Aspekte bislang zu wenig berücksichtigt werden (vgl. Luptowicz 2021, Kapitel B3.5):

- Kontextualisierung durch authentische Sprachhandlungen in allen relevanten Domänen der direkten (*Familie*, *Schule*, *Peers*) und indirekten (*Medien*, *Kultur*) kindlichen Lebenswelt
- Erweiterung metasprachlicher bzw. metakommunikativer Fähigkeiten sowie Förderung des grammatischen Könnens
- Individualisierung von Lernzielen, Lernwegen und Lernevaluation

Als Konsequenz wurde das Unterrichtskonzept KIDSS entwickelt (= ein **k**ompetenzorientiertes und **i**ndividualisierendes, fach**d**idaktisches Unterrichtskonzept für den Bereich ***S**prache und **S**prachgebrauch untersuchen*). Es zielt nicht nur auf eine Verbindung und Weiterentwicklung des aktuellen Forschungsstandes ab, sondern gibt durch konkrete Bausteine (Kapitel B) sowie zahlreiche Beispiele (Kapitel C) eine Planungshilfe für die Unterrichtsorganisation im gesamten Kompetenzbereich *Sprache und Sprachgebrauch untersuchen* der Primarstufe:

Kapitel B: Das Konzept KIDSS

Kapitel B erläutert das auf der Grundlage des angeführten Modells (vgl. Abb. 3) entstandene KIDSS. In dem Zuge stehen zunächst zentrale Begriffsklärungen im Vordergrund (vgl. B1). Im Anschluss erfolgt die Begründung des Konzepts durch Erklärungsansätze relevanter Bezugsdisziplinen (vgl. B2) sowie die daraus abgeleitete Zielsetzung (vgl. B3). Danach werden die an der kindlichen Entwicklung (vgl. ausführlich dazu Kapitel B1/ B2 im Theorieband) orientierten KIDSS-orientierten Lerninhalte erläutert (vgl. B4). Der Fokus des folgenden Kapitels liegt sodann auf konkreten Handlungsempfehlungen für den Grundschulunterricht (vgl. B5). Die für KIDSS gewählten Prinzipien (*Lebensweltbezug*, *Könnensorientierung*, *Kooperatives Lernen*, *Wiederholung*) wurden dabei sowohl aus dem aktuellen Stand der Didaktik (vgl. Kapitel C2 im Theorieband) als auch aus den kindlichen Erwerbsbedingungen (vgl. Kapitel B2, ebd.) abgeleitet. Es folgen unterrichtsorganisatorische Hinweise, wobei zunächst mit dem *3-Ebenen-Modell* die Verortung von KIDSS in einen sprachintensiv ausgerichteten Unterricht (ausführlich vgl. Kapitel C2.4, ebd.) erläutert wird. Danach zeigt die *Didaktische Landkarte*, welche Lernfelder im Sinne einer Curriculumsspirale wiederholt während der Primarstufenzeit zu durchlaufen sind. Das Kapitel mündet in methodisch-didaktischen Ausführungen. Individualisierte Lernziele bzw. Kompetenzniveaus in den Bereichen *Grammatikerwerb* sowie *metasprachliche* und *metakommunikative Fähigkeiten* bilden die Basis für die Beschreibung KIDSS-orientierter Lernwege und Lernevaluation.

Kapitel C: Beispiele

Kapitel C beschreibt konkrete unterrichtliche Umsetzungsmöglichkeiten. Nach einer Beispielsammlung, die sich an zentralen Themen des Sachunterrichts orientiert (vgl. C1), wird schließlich eine beispielhafte Sequenzplanung vorgestellt (vgl. C2). Vier Bausteine, die in das Thema *Kindheit früher und heute* integriert sind, zeigen, wie KIDSS eingebettet in einen sprachintensiven Unterricht zu einer Kompetenzerweiterung im Bereich *Sprache und Sprachgebrauch untersuchen* führt.

Kapitel D: Fazit und Perspektiven

Kapitel D resümiert schließlich, wie durch das Konzept KIDSS im Unterricht eine Kontextualisierung durch authentische Sprachhandlungen in allen relevanten Domänen der direkten (*Familie, Schule, Peers*) und indirekten (*Medien, Kultur*) kindlichen Lebenswelt erreicht werden kann; wie metasprachliche bzw. metakommunikative Fähigkeiten erweitert sowie das grammatische Können mithilfe vielfältiger Aufgaben gefördert werden; wie eine Individualisierung von Lernzielen, Lernwegen und Lernevaluation im Bereich *Sprache und Sprachgebrauch untersuchen* aussehen kann. Ein großer Vorteil des Konzepts ist dessen Anschlussfähigkeit für weitere Forschungsarbeiten. Die Ausführungen dazu schließen die Arbeit ab.

B Das Konzept KIDSS

Bei KIDSS handelt es sich um ein Unterrichtskonzept[1] für den Kompetenzbereich *Sprache und Sprachgebrauch untersuchen*, das die Debatte um die bestmögliche methodische Vermittlung bildungspolitischer Vorgaben (*funktional*, *integrativ* usw.) zunächst in den Hintergrund rückt (vgl. ausführlich Luptowicz 2021, Kapitel C2). Vielmehr werden diejenigen in den Fokus gestellt, deren Facetten Freinet zufolge den Unterricht eigentlich ausmachen: die Kinder selbst – KIDSS. Anknüpfend an deren individuellen Spracherfahrungen wurde ein kompetenzorientiertes Unterrichtskonzept entwickelt, das v.a. die aktuelle grundschulpädagogische Forderung nach Individualisierung, die bislang kaum Berücksichtigung findet (vgl. ebd., Kapitel C3.2), integriert. Die Herangehensweise an das Unterrichtskonzept orientiert sich demnach eher an kommunikativ-pragmatisch ausgerichteten Positionen der Sprachdidaktik, deren Anfänge bereits vor nahezu einem halben Jahrhundert in einer „Aufbruchstimmung“ der 1970er Jahren zu finden sind und Grammatikunterricht per se in Frage stellen (z.B. Diegritz 1980). Gleichzeitig bilden die in der Einleitung angeführten Herausforderungen zentrale Anknüpfungspunkte (vgl. Luptowicz 2021, Kapitel B3 sowie C4):

- Kontextualisierung durch authentische Sprachhandlungen
- Erweiterung metasprachlicher bzw. metakommunikativer Fähigkeiten sowie des grammatischen Könnens
- Individualisierung von Lernzielen, Lernwegen und Lernevaluation

Die Bausteine von KIDSS (vgl. Abb. 4) orientieren sich am Modell für die Entwicklung eines Unterrichtskonzepts (vgl. Kapitel A; ausführlich Luptowicz 2021, Kapitel D2). Im Folgenden werden nach Begriffsklärungen und der Zielsetzung (vgl. Kapitel B1) Begründungszusammenhänge für KIDSS angeführt (vgl. Kapitel B2) und die gewählten Inhalte erläutert (vgl. Kapitel B3). Im Anschluss daran folgen Handlungsanweisungen für den Unterricht (vgl. Kapitel B4), die sowohl Prinzipien darlegen als auch unterrichtsorganisatorische und methodisch-didaktische Überlegungen konkretisieren. Letztere orientieren sich im Sinne der Individualisierung an spezifischen Lernzielen bzw. Kompetenzniveaus, KIDSS-orientierten Lernwegen sowie Möglichkeiten zur prozessorientierten Lernevaluation.

---

1 Im Folgenden werden die Begriffe *Konzept* und *Unterrichtskonzept* synonym verwendet.

Abb. 4: Bausteine von KIDSS (nach Luptowicz 2019)

1. Begriffsklärung

Die individuellen Voraussetzungen der Kinder (vgl. Luptowicz 2021, Kapitel B1/ B2) und der aktuelle Stand von Fachdidaktik und Grundschulpädagogik (vgl. ebd. Kapitel B3.4 sowie Kapitel C2) machen eines deutlich: Unterricht im Bereich *Sprache und Sprachgebrauch untersuchen* muss sich in einem ersten Schritt von Methodendiskussionen lösen und zunächst von den Voraussetzungen der Lernenden selbst ausgehen. KIDSS nimmt diese Perspektive ein, was sich sowohl in den verwendeten Begriffen als auch in der Zielsetzung des Unterrichtskonzepts widerspiegelt:

Begriffsklärungen: Das Fundament von KIDSS bildet ein insgesamt *sprachintensiver* Unterricht, der sich am Unterrichtskonzept von Kurtz et al. (2015) orientiert und sich von traditionellen Sprachfördermaßnahmen zugunsten einer präventiven Vorgehensweise abgrenzt. Das Akronym KIDSS setzt die im Zitat angesprochene Verschiedenheit als selbstverständlich voraus. Zentral sind die Begriffe *kompetenzorientiert*, *individualisierend*, *Unterrichtskonzept* sowie *Sprache und Sprachgebrauch untersuchen.*

Kompetenzorientiert: Im Zuge der Kompetenzdebatte sowie durch Forderungen der Kultusministerkonferenz handelt es sich um ein kompetenzorientiertes Unterrichtskonzept, das in Orientierung am Kompetenzbegriff von Weinert neben dem Wissen auch andere Komponenten wie Fähigkeiten, Verstehen, Können, Handeln, Erfahrung und Motivation (vgl. Klieme et al. 2009, 72) berücksichtigt. Damit wird die oftmals eingenommene einseitige Ergebnisperspektive (= *Outcome*; vgl. Ziener 2016, 18) mit dem Anspruch, alle Standards gleichermaßen einzubeziehen, erweitert. Ziel ist es, auch diejenigen Aspekte in den Blick zu nehmen, die bisherigen Publikationen zufolge nicht operationalisierbar seien (*sprachliche Verständigung untersuchen*, *Gemeinsamkeiten und Unterschiede von Sprachen entdecken*; vgl. KMK 2005, 11) – aber dennoch aktuell im Unterricht umgesetzt werden müssen! Aufgrund der mangelnden Möglichkeiten zur Operationalisierung rückt bei KIDSS das didaktische Handeln bei der Umsetzung vermehrt in den Blick.

Individualisierend: Der Begriff nimmt die grundschulpädagogische Perspektive ein und bezieht sich im Unterrichtskonzept auf Lernziele bzw. Kompetenzniveaus, Lernwege sowie die Lernevaluation (vgl. Luptowicz 2021, Kapitel B3.4). Die Heranwachsenden erhalten zum einen die Möglichkeit, ihre individuellen Kompetenzen bezogen auf den Bereich *Sprache und Sprachgebrauch untersuchen* auszubauen, indem die Aufgabenschwierigkeit an ihrem Entwicklungsstand ausgerichtet ist. Darüber hinaus geschieht dies basierend auf Erkenntnissen der Lern- und Entwicklungspsychologie (wie *Interessenorientierung*, *Strategieformulierung* usw.; vgl. ebd., Kapitel B1) auf individualisierten Lernwegen. Im Zuge einer pädagogischen Leistungskultur ermöglicht eine Status- und Prozessdiagnostik die gezielte Förderung der einzelnen Schüler[2].

Unterrichtskonzept: Abgeleitet aus Erkenntnissen der Allgemeinen Pädagogik sowie bezugnehmend auf das Modell zur Unterrichtskonzeptentwicklung wird der Begriff nicht als gedanklicher Entwurf, sondern im Sinne einer umfassenden Begriffsauslegung verstanden. Deshalb wurden die zentralen Bausteine – *Begriffsklärungen*, *Zielsetzung*,

---

[2] Zur Vereinfachung und leichteren Lesbarkeit wird für die einzelnen Personenkategorien nur die männliche Form verwendet, wobei alle Aussagen geschlechtsneutral zu verstehen sind.

Begründung, *Inhalte*, *Handlungsempfehlungen für den Unterricht* – im Rahmen von KIDSS konkretisiert. Ziel ist ein Konzept für den Bereich *Sprache und Sprachgebrauch untersuchen*, das nicht nur bildungspolitische Vorgaben perspektivisch umsetzt, sondern ebenso durch aktuelle Erkenntnisse relevanter Bezugsdisziplinen fundiert ist.

Sprache und Sprachgebrauch untersuchen: Die Benennung von KIDSS in Orientierung am Kompetenzbereich der Bildungsstandards zeigt die enge Verschränkung. Gleichzeitig wird der Begriff *untersuchen* vornehmlich im Sinne von Reflexionen über Sprache und Sprachgebrauch verstanden. Sprachreflexionen bezeichnen dabei in Orientierung an Neuland kognitive Prozesse, die durch sprachliche Handlungen (auch inneres Sprechen) sichtbar werden (vgl. Riegler 2006, 59).

2. Begründung

Die in der Einleitung vorgestellten fachdidaktischen Unterrichtskonzepte für den Bereich *Sprache und Sprachgebrauch untersuchen* (Handlungsorientierter Grammatikunterricht, Reflexion über Sprache, Mimetisches Lernen im Grammatikunterricht; vgl. ausführlich Luptowicz 2021, Kapitel C2) konzentrieren sich auf einzelne Aspekte der Bildungsstandards – wie beispielsweise die Förderung grammatischen Könnens (vgl. Hochstadt 2015) oder das Nachdenken über Sprache (vgl. Riegler 2006). Damit liegen gegenwärtig lediglich Ausschnitte zur Vermittlung des Kompetenzbereichs in der Primarstufe vor. KIDSS zielt auf eine Verbindung und Weiterentwicklung ab und gibt eine Planungshilfe für den gesamten Kompetenzbereich. Die für das Konzept erarbeitete Vorgehensweise wird sowohl auf theoretischer als auch auf institutioneller und individueller Ebene begründet (vgl. Abb. 5).

Abb. 5: Begründungsebenen von KIDSS

Theoretische Ebene: Die im Modell zur Unterrichtskonzeptentwicklung angeführten Bezugsdisziplinen (*Fachwissenschaft*, *Didaktik* und *Psychologie*) bilden die Begründungszusammenhänge auf der theoretischen Ebene:

- *Fachwissenschaft:* Die Germanistische Linguistik liefert Theorien zu den sprachlichen und kommunikativen Themen, die im Unterrichtskonzept umgesetzt werden. Je nach Unterrichtsinhalt werden explizite Bezüge zur entsprechenden Subdisziplin hergestellt und für die Primarstufe didaktisch reduziert.

- *Didaktik*: Um dem Vorwurf der Beliebigkeit zu begegnen, wurden die Bausteine von KIDSS (*Begriffsklärungen, Zielsetzung, Begründung, Inhalte, Handlungsempfehlungen für den Unterricht, Beispiele*) aus Erkenntnissen der Allgemeinen Pädagogik abgeleitet. Die Vorgehensweise im Sinne einer Lernwegsdidaktik verbindet ferner disziplinübergreifend Erkenntnisse der Grundschuldidaktik zur Individualisierung des Unterrichts (vgl. Luptowicz 2021, 71ff.) mit dem aktuellen Stand der Sprachdidaktik Deutsch für die Primarstufe (vgl. ebd., 96ff.).
- *Psychologie*: Interindividuelle Unterschiede einer Klasse können bis zu vier Jahre betragen (vgl. Hanke 2007, 103). Dies betrifft nicht nur mannigfache Persönlichkeiten (*Selbstkonzept, Fähigkeit zur Emotionsregulation, Interessen, Intelligenz*; vgl. Luptowicz 2021, 7ff.), sondern ebenso Aspekte des sozialen Lernens (wie *soziales Problemlösen, Perspektivenübernahme*; vgl. ebd., 14ff.), die Denkentwicklung (*unterschiedliche Strategienutzung, Wechsel von anschaulichem Denken zu Vorstellungen*; vgl. ebd. 18ff.) sowie im Speziellen sprachliche, metasprachliche und metakommunikative Fähigkeiten (vgl. ebd., 23ff.). KIDSS knüpft an den heterogenen Lernvoraussetzungen an, indem Wege für einen individualisierenden Unterricht aufgezeigt werden.

Institutionelle Ebene: Auf institutioneller Ebene wird KIDSS sowohl mit den bildungspolitischen Vorgaben als auch mit Erkenntnissen zu Wissen und Einstellungen der Lehrkräfte begründet:

- *Bildungspolitische Vorgaben:* KIDSS kombiniert bildungspolitische Standards (vgl. KMK 2005) mit den *Empfehlungen zur Arbeit in der Grundschule* (vgl. KMK 2015). Es liegt somit ein Umsetzungsvorschlag vor, der sich auf den gesamten Kompetenzbereich *Sprache und Sprachgebrauch untersuchen* bezieht und diesen perspektivisch weiterentwickelt.
- *Wissen und Einstellungen der Lehrkräfte:* Unterricht im Kompetenzbereich *Sprache und Sprachgebrauch untersuchen* basiert den wenigen empirischen Erkenntnissen zufolge vermutlich auf einer „subjektiven Didaktik" der Lehrenden, die sich v.a. an der eigenen schulischen Sozialisation und individuellen fachdidaktischen Kompetenzen sowie der Einstellung zum Fachbereich orientiert. Die eingangs formulierten Tendenzen lassen vermuten, dass fachliche Lücken einerseits sowie ein eher unzureichendes fachdidaktisches Wissen gekoppelt mit eher negativen Einstellungen andererseits (vgl. u.a. Schulze 2011, 38; Stahns & Bremerich-Vos 2013, 165) vornehmlich zu einem lehrergeleiteten traditionellen Grammatikunterricht führen. Schulbuchanalysen bestätigen die Vermutungen vorwiegend (vgl. Luptowicz 2021, 134ff.). Aus diesen Gründen wird eine Kopplung aus Spirallehrgang und Lernweg gewählt. Der Spirallehrgang „ist eine curriculare Variante des systematischen Lehrgangs, wobei Stoffzusammenhänge auf höherer Ebene wiederholt und Grundbegriffe vertieft angewendet werden" (Schorch 2007, 181). In der Organisation eines Spirallehrgangs werden die Lernwege der einzelnen Schüler lehrplanmäßig standardisiert und strukturiert. Aufgrund der angeführten Tendenzen zum Wissen der Lehrkräfte wird da-

von ausgegangen, dass der Vorteil der Planungssicherheit eher zu einer Umsetzung im eigenen Unterricht führt.

Individuelle Ebene: Die Bandbreite der Heterogenität spiegelt sich nicht nur im Alter oder Geschlecht der Kinder wider, sondern betrifft u.a. auch den kognitiven Entwicklungsstand, Interessen, soziokulturelle Herkunft, sozial-emotionale Aspekte oder die Motivation (vgl. u.a. Wildemann 2015, 44) der Lernenden (vgl. Luptowicz 2021, 7ff.). Besonders wird dies aus dem bio-ökologischen Modell von Bronfenbrenner ersichtlich, das die kindliche Lebenswelt in verschiedene Zonen einteilt (vgl. Abb. 6). Je nach Heranwachsendem werden die einzelnen Zonen individuell ausgefüllt, was bereits bei der spezifischen Familiensituation beginnt (z.B. *Ein-Eltern-Familie, Patchwork-Familie* usw.) und in persönlichen Interessen bei der Freizeitgestaltung weitergeführt wird (vgl. auch MpFS 2018).

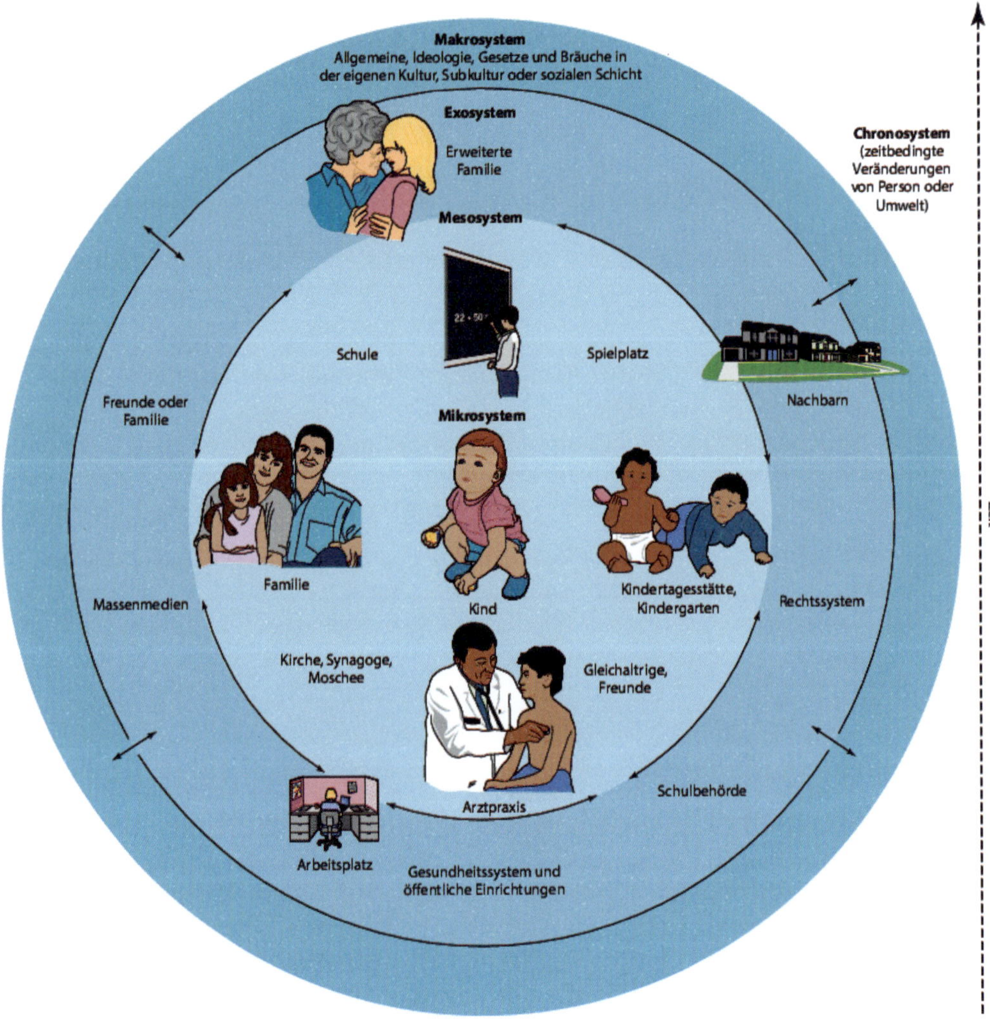

Abb.6: Bio-ökologisches Modell zur Umwelt des Kindes (Siegler u.a. 2008, 492)

Fachbezogen hat die Heterogenität zur Folge, dass ein gewisses Sprachgefühl bei den Kindern nicht vorausgesetzt werden kann. Vielmehr verfügen die Heranwachsenden – auch resultierend aus lebensweltlichen Umständen – über unterschiedliche Entwicklungsstände bezogen auf den Grammatikerwerb sowie individuelle Vorerfahrungen zu sprachreflexiven Tätigkeiten. Dies wird u.a. beispielsweise am (sprachlichen) Umgang mit Konfliktsituationen ersichtlich. Während manche Kinder ihre empfundenen Emotionen bereits sozial angemessen ausdrücken können, scheitern andere an dieser Aufgabe und bleiben „sprachlos" (vgl. z.B. das *Stufenmodell zum sozialen Problemlösen*; Luptowicz 2021, Kapitel B1.2). KIDSS geht vom einzelnen Lernenden aus, indem an den individuellen Bedürfnissen angeknüpft wird, um nachhaltiges Lernen im Kompetenzbereich *Sprache und Sprachgebrauch untersuchen* zu ermöglichen.

3. Zielsetzung

Leitziele von KIDSS sind die Förderung der sprachlichen Handlungsfähigkeit und die Entwicklung eines sprachlichen Begleitbewusstseins. Anknüpfend an Klotz wird unter Letzterem eine metasprachliche Kompetenz verstanden, die

> „[...] zur Beobachtung fähig und bereit ist, wenn gesprochen und gehört, geschrieben und gelesen wird, und zwar in der Weise, dass nicht allein die Inhaltsseite, die Information dominiere, sondern die Form, das Wie des Sprache-Gebrauchens als konstitutiver Teil der Kommunikation begriffen werde" (Klotz 2007, 93).

Genauer sind bezogen auf die kindlichen Voraussetzungen (1) die Förderung des individuellen grammatischen Könnens[3] sowie die Weiterentwicklung (2) metasprachlicher und (3) metakommunikativer Fähigkeiten zentral, die die Inhalte von KIDSS ergeben (vgl. Kapitel B4). Dies kann allein durch eine Individualisierung von Unterricht erreicht werden, die – in Orientierung am Kompetenzbegriff von Weinert – nicht nur an der Wissensvermittlung ausgerichtet ist, sondern ebenso andere Komponenten wie Fähigkeiten, Verstehen, Können, Handeln, Erfahrung und auch Motivation berücksichtigt (vgl. Weinert 2001, S. 27). Gerade die Motivation gilt als ein nicht zu unterschätzender Antriebsmotor, was nicht erst die Kompetenzdebatte, sondern u.a. bereits Weisgerber durch das Festlegen des sprachlichen Wollens als Grundvoraussetzung für sprachliches Wachsen verdeutlicht. Durch das Anknüpfen an den sprachlichen Vorerfahrungen (vgl. Luptowicz 2021, Kapitel B2) und direkten (*Schule*, *Familie*, *Freizeit*) sowie indirekten (*Medien, Kultur*) lebensweltlichen Kontexten werden sukzessive das individuelle grammatische Können sowie metasprachliche und metakommunikative Fähigkeiten aufgebaut und gleichzeitig das Interesse und die Aufmerksamkeit an Sprache und Kommunikation per se gefördert. Dies ist die Voraussetzung für die Entwicklung sprachlichen Könnens, das gemeinsam mit der Reflexion von Sprache und Sprachgebrauch eine Grundlage für die Vermittlung sprachlichen Wissens in der Sekundarstufe bildet.

---

[3] Aufgrund der Beschränkung auf den Kompetenzbereich *Sprache und Sprachgebrauch untersuchen* wird eine Reduktion auf grammatisches Können vorgenommen. Die Bedeutung einer Wortschatzförderung sowie der Förderung kommunikativ-pragmatischer Kompetenzen ist ebenso wichtig, aber eher Teil der anderen Kompetenzbereiche. Grammatisches Können erstreckt sich in dem Sinne allerdings auf Phänomene von der Wort- bis hin zur Textebene.

4. KIDSS-orientierte Lerninhalte

Die Inhalte von KIDSS ergeben sich aus der Verbindung bildungspolitischer Vorgaben mit den sprachlichen und metasprachlichen bzw. metakommunikativen Voraussetzungen (vgl. Luptowicz 2021, Kapitel B2). Bezugnehmend auf die von der Kultusministerkonferenz publizierten Bildungsstandards Deutsch für die Primarstufe werden drei der vier vorgegebenen Standards bei KIDSS berücksichtigt und weiter ausdifferenziert: *Sprachliche Verständigung untersuchen*; *an Wörtern, Sätzen, Texten arbeiten*; *Gemeinsamkeiten und Unterschiede von Sprachen entdecken* (vgl. KMK 2005, 11). Eine Einschränkung ergibt sich aus den Erkenntnissen zum kindlichen Grammatikerwerb (vgl. Luptowicz 2021, Kapitel B2.1.1): Die explizite Vermittlung grammatischer Phänomene wird zugunsten einer Förderung des grammatischen Könnens vernachlässigt. Darüber hinaus konnten empirische Analysen zeigen, dass Kinder bereits zu Schulbeginn über metasprachliche – insbesondere metasemantische – und metakommunikative Fähigkeiten verfügen, während im Bereich des Grammatikerwerbs noch z.T. hohe Fehlerquoten vorliegen. Diese Erkenntnisse greift KIDSS auf und bietet vielfältige Möglichkeiten an den unterschiedlichen Entwicklungsständen anzuknüpfen. Bezogen auf die Voraussetzungen der Schüler enthält das Unterrichtskonzept demnach Inhalte zur Förderung des *grammatischen Könnens* sowie *metasprachlicher* und *metakommunikativer Fähigkeiten.* Die Dreiteilung ist didaktisch motiviert, was Überschneidungen zwischen den Bereichen nicht ausschließt. So betrifft die Wortbildung etwa zum einen auf der Formebene eher grammatisches Können, während bei der Beleuchtung der Bedeutungsebene auf der funktionalen Ebene eher metasprachliche Aspekte gemeint sind.

Grammatisches Können: Der aktuelle Forschungsstand zeichnet für den Primarbereich wesentliche Entwicklungen noch nicht hinreichend ab, weshalb die Inhalte, die eine Erweiterung des grammatischen Könnens anstreben, in Orientierung an Fehlerquoten sowie kindlichen Vorerfahrungen ausgewählt werden. Dies hat beispielsweise zur Folge, dass aufgrund sehr geringer Fehlerquoten[4] sowie der Tatsache, dass den Schülern eine pragmatisch orientierte Zugangsweise aufgrund der individuellen Entwicklung leichter zugänglich ist, etwa syntaktische Inhalte auf der Formebene bewusst unberücksichtigt bleiben. Konkretisiert werden Kategorien aus den Bereichen *Flexion* sowie *Wortbildung*, die im natürlichen Sprachgebrauch bis zum Ende der Kindergartenzeit fehleranfällig sind. Bezogen auf die Flexion sind dies die Kasusmarkierung, die Komparation sowie der Konjunktiv, die Markierung der Zeitformen und Passivbildungen. Diese zeichnen sich entweder durch eine hohe Fehlerquote bei Vorschulkindern oder durch Probleme in weiterführenden Schulen aus (vgl. Luptowicz 2021, Kapitel 2.1.1.1a) und werden daher in KIDSS integriert. Die Wortschatzerweiterung durch Wortbildung spielt eine tragende Rolle im Grammatikerwerb, weshalb darüber hinaus die folgenden Aspekte in das Konzept integriert werden (vgl. Kurtz et al. 2015, 43): Verkleinerungsformen, demoninale Adjektive, Affigierungen, Komposition sowie im Allgemeinen die Arbeit

---

4 Perspektivisch müssen daneben Herausforderungen für „Deutsch als Zweitsprache"-Lerner mit einbezogen werden.

mit Wortstämmen. Die Umsetzung der Inhalte erfolgt im Sinne einer funktionalen Pragmatik auf der Textebene.[5]

Reflexion über Sprache: Der Bereich *Reflexion über Sprache* beginnt bei metaphonologischen Reflexionen und bezieht neben metamorphosyntaktischen ebenso metalexikalische sowie metasemantische Reflexionen ein. Der Fokus liegt aufgrund der kindlichen Vorerfahrungen (vgl. Stude 2014, 131; Krafft 2014, 45; Lipkowski 2017, 120) auf der bedeutungsbezogenen Reflexion von Wörtern und Äußerungen, wobei ebenso die Aspekte *Mehrdeutigkeit*, *Redewendungen* sowie *Modalität* integriert sowie sprachspielerische Reflexionen bedacht werden. Die Reflexion über Sprache erfolgt darüber hinaus sowohl synchron als auch diachron. So wird auf der synchronen Ebene u.a. über Unterschiede zwischen Varietäten, Umgangssprache und Standardsprache reflektiert oder kontrastive Vergleiche zu Muttersprachen von Kindern mit Deutsch als Zweitsprache angestellt. Diachron rücken Aspekte des Sprachwandels in den Blick.

Reflexion über Kommunikation: KIDSS integriert für die Altersstufe wesentliche Aspekte sowohl mündlicher als auch schriftlicher Kommunikation. Dabei sind neben verbalen ebenfalls nonverbale Inhalte vorgesehen. So reflektieren die Heranwachsenden etwa über die Wirkung von Mimik und Gestik und die Bedeutung der Körpersprache sowie ihre Umsetzung in der Schriftsprache. Darüber hinaus sind Verstehens- und Verständigungsprobleme aus der kindlichen Lebenswelt (z.B. im Hinblick auf Ironie und Modalität) oder *Höflichkeit* wichtige Themen über den Kompetenzbereich hinaus – etwa bezogen auf die Werteerziehung oder soziale Kompetenzen. Reflexionsanlässe bieten neben lyrischen, epischen und dramatischen Texten Gebrauchstexte oder Schülertexte, die den Kindern Gelegenheit geben, verschiedene Funktionen von Sprache zu entdecken.

5. Handlungsempfehlungen für den Unterricht

Die Handlungsempfehlungen für den Unterricht konkretisieren die Umsetzung der KIDSS-orientierten Inhalte. Sie basieren auf den Grundlagen eines gemäßigten Konstruktivismus, der empirisch bestätigte positive Aspekte der Gegenpole *Instruktion* und *Konstruktion* für die Praxis verbindet (vgl. Hansen 2010, 11; Abb. 7).
Während die *konstruktive* Perspektive Lernen aus der Sicht der Heranwachsenden selbst als einen aktiven, selbstgesteuerten und sozialen Prozess beschreibt, nimmt die *instruktive* Sichtweise eher die Lehrperson in den Bick und sieht Unterrichten als „Anregen, Unterstützen und Beraten sowie Anleiten, Darbieten und Erklären“ (Hansen 2010, 11). Die Instruktionen der Lehrkraft ermöglichen aktives Lernen durch Feedback und Unterstützungsangebote für alle Kinder (vgl. Willems 2016, 304). In der aktuellen Literatur

[5] Im sprachdidaktischen Konsens wird der Terminus *grammatisches Können* eher im Zusammenhang mit der Weiterentwicklung von Textkompetenz durch eine funktionalpragmatische Vermittlung sprachlicher Phänomene verwendet (vgl. die weiterführenden Anmerkungen zu Konzepten der Sekundarstufe, Luptowicz 2021, Kapitel C2). KIDSS schließt diese Perspektive nicht aus, aber verortet sie im zugrunde liegenden Konzept des *Sprachintensiven Unterrichts*. Dies wird damit begründet, dass so im Sinne Klotz‘ eine Textsorte nicht auf ein spezifisches sprachliches Phänomen eingeschränkt wird (vgl. ebd. 2007). Vielmehr ermitteln die Heranwachsenden durch die thematisch verdichtete Umsetzung, welche sprachlichen Elemente eine bestimmte Textsorte ausmachen.

wird eine sinnvolle Verbindung der beiden Positionen angestrebt, um die Vorteile zu nutzen (vgl. z.B. Hansen 2010, 9ff.).

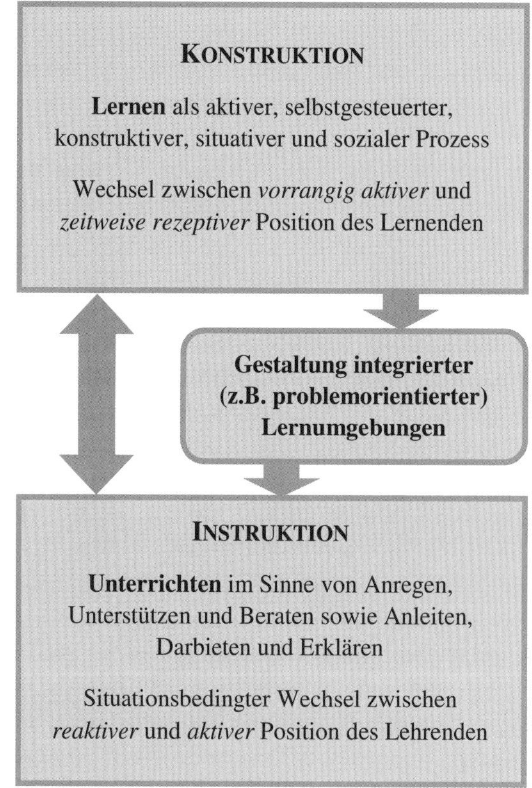

Abb. 7: Integration von Konstruktion und Instruktion in der Praxis (Hansen 2010, 11)

Wie die Verbindung von Instruktion und Konstruktion bei KIDSS erfolgt, zeigen zunächst die Prinzipien, die dem Konzept zugrunde liegen (vgl. Kapitel B5.1). Darauf aufbauend veranschaulichen das *3-Ebenen-Modell* und die *Didaktische Landkarte* die unterrichtsorganisatorische Umsetzung des Konzepts in der Primarstufe (vgl. Kapitel B5.2). Das Kapitel endet mit didaktisch-methodischen Überlegungen, die die Individualisierung von Lernzielen, Lernwegen sowie der Lernevaluation beschreiben (vgl. Kapitel B5.3).

5.1 Prinzipien von KIDSS

KIDSS ist in einen insgesamt sprachintensiven Deutschunterricht eingebettet, dessen Planung und Durchführung sich an den Prinzipien *inhaltliche Dichte*, *soziales Lernen*, *Individualisierung* sowie *sprachliche Stützangebote* orientieren (vgl. Kurtz et al. 2015, 24ff.; ausführlicher in Luptowicz 2021, 120ff.).

Bezogen auf den Kompetenzbereich *Sprache und Sprachgebrauch untersuchen* werden die folgenden Prinzipien für KIDSS festgelegt, die auf den kindlichen Lernmechanismen (vgl. ebd., 23ff.) sowie dem aktuellen Stand der Fachdidaktik für die Primarstufe (vgl. ebd., 96ff.) basieren:

- Lebensweltbezug
- Könnensorientierung
- Kooperatives Lernen
- Wiederholung

Lebensweltbezug: Ein authentischer Lebensweltbezug stellt eine wichtige Voraussetzung für erfolgreiches Lernen dar – gerade wenn von Studienergebnissen ausgegangen wird, die beschreiben, dass der bisherige, eher traditionelle Grammatikunterricht, nicht dazu führt, dass ein Transfer auf eigene Sprachhandlungen hergestellt werden kann (vgl. Luptowicz 2021, 126ff.). KIDSS knüpft daher nicht nur an der konkreten Lebenswelt an, sondern berücksichtigt darüber hinaus bei jedem Thema verschiedene Ebenen der direkten (*Familie*, *Freizeit*, *Schule*) und indirekten Umwelt (*Medien*, *Kultur*), um eine unmittelbare Verbindung zum eigenen Erleben herzustellen. Der Einbezug individueller Interessen, die beispielsweise im Rahmen von eigenen Befragungen oder Umfrageergebnissen (wie MpFS 2018) ermittelt werden, führt in Transferphasen sodann zu einem vertieften Verständnis.

Könnensorientierung: KIDSS löst das traditionelle Lehrgangsprinzip ab und überträgt aktuelle Erkenntnisse der Grundschulpädagogik und -didaktik auf den Kompetenzbereich *Sprache und Sprachgebrauch untersuchen*. Die gleichschrittige Vorgehensweise, die bei allen Kindern einen ähnlichen Entwicklungsstand voraussetzt, wird zugunsten einer Didaktik der Lernwege aufgebrochen. Auf diese Weise kann am individuellen Können angeknüpft werden – wie es auch die bildungspolitischen Vorgaben fordern (vgl. KMK 2005; KMK 2015). Mit *Könnensorientierung* sind allerdings nicht nur grammatisches Können, sondern ebenso metasprachliche und metakommunikative Fähigkeiten gemeint. Auf einer übergeordneten Ebene wird darunter ebenso die Vernetzung mit dem spezifischen Vorwissen sowie damit einhergehend der Einbezug der kognitiven Voraussetzungen verstanden. Ein thematisch verdichtetes Arbeiten in Orientierung am *Sprachintensiven Unterricht* eröffnet Ressourcen für entsprechende Lernprozesse (vgl. Kurtz et al. 2015, 25). Die Organisation der Inhalte im Sinne einer didaktischen Landkarte lässt dabei ein am individuellen Können orientiertes Lernen zu.

Kooperatives Lernen: Bisherige Erkenntnisse aus Forschungen zur Sprachentwicklung sowie der Entwicklungspsychologie zeigen, dass es v.a. vielfältige kommunikative Interaktionen sind, die zum kindlichen Lernzuwachs führen (vgl. Stude 2014, 193ff.; ausführlich Luptowicz 2021, 59ff.). Dies bestärken auch Erklärungsansätze aus der pädagogischen Psychologie, die Lerneffekte kooperativer Lernformen betonen (vgl. Hansen 2010, 11). Bisher werden in der Umsetzung des Bereichs *Sprache und Sprachgebrauch untersuchen* v.a. die positiven Lerneffekte der Kind-Kind-Interaktion zu wenig genutzt. KIDSS bezieht diese durch das Nutzen kooperativer Lernmethoden ein. Vielfältige kooperative Aufgaben mit entsprechenden Reflexionsimpulsen involvieren die Kinder nicht nur stärker in kommunikative Prozesse, sondern ritualisieren sukzessive metasprachliche und metakommunikative Sequenzen per se. Die Lehrkraft fungiert in dem Zuge als Lernbegleiter und sorgt durch ritualisierte Übungen im Klassenverband für das Bereitstellen metasprachlicher Modelle, auf die die Schüler in kooperativen Lernphasen zurückgreifen können. Geeignete Reflexionsimpulse dienen dabei als gedankliche Stütze.

Wiederholung: Erklärungsansätze zu kindlichen Lernmechanismen zeigen, dass neben der *Imitation* v.a. *Häufigkeiten im Input* positive Auswirkungen auf sprachliche Lernprozesse haben. Dies betrifft nicht nur grammatisches Können, sondern wird ebenso rekurrierend auf metasprachliche und metakommunikative Fähigkeiten erwartet. Aus diesem Grund ist KIDSS zum einen im Sinne von Lernfeldern einer didaktischen Landkarte organisiert, die kursorisch zu verschiedenen Themen auf unterschiedlichen Niveaustufen durchlaufen werden. Zum anderen wird durch die Ritualisierung bestimmter Übungs- und Reflexionsformen wie etwa der KIDSS-Runde oder der KIDSS-Werkstatt ein vertieftes Verständnis erreicht.

5.2 Unterrichtsorganisatorische Hinweise

KIDSS orientiert sich in der Gestaltung des Unterrichts an aktuellen Erkenntnissen der Lern- und Entwicklungspsychologie (wie *Interessenorientierung*, *Strategieformulierung*; vgl. Luptowicz 2021, 7ff.) sowie der Grundschulpädagogik (vgl. ebd., 71ff.), die neben gemeinschaftlichen Lernphasen im Plenum ebenso für eine Öffnung des Unterrichts im Sinne selbstgesteuerter Lernphasen plädieren. Die genaue Umsetzung wird zunächst allgemein mittels eines *3-Ebenen-Modells* (vgl. Kapitel B5.2.1) beschrieben, bevor die *Didaktische Landkarte* (vgl. Kapitel B5.2.2) die kursorische Anordnung der einzelnen Inhalte visualisiert. Ein zentraler Aspekt ist dabei, dass es sich um eine didaktisch vorstrukturierte Lernumgebung handelt. Denn durch die Erkenntnis, dass v.a. zielgerichtete Impulse den *Inneren Monitor* (vgl. Ossner 2010, 135; Abb. 8) anregen, gewinnt die Aufgabenstellung an Bedeutung.

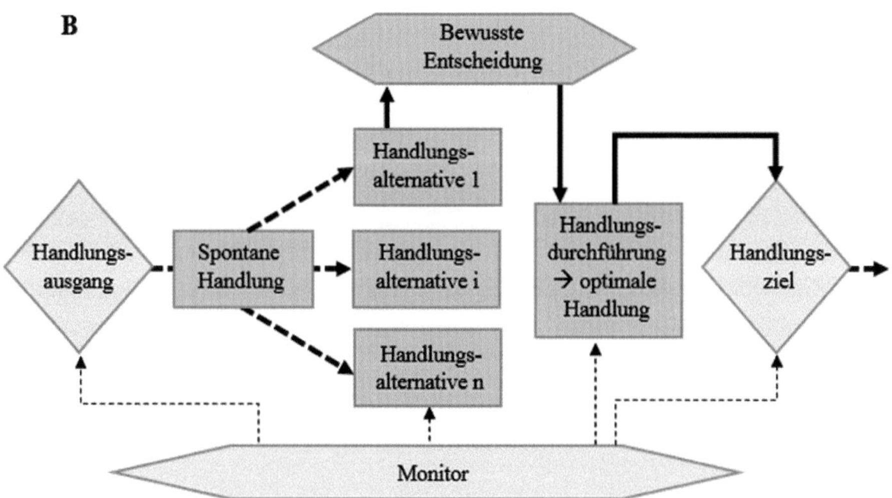

Abb. 8: Rolle des inneren Monitors bei der Sprachproduktion (Ossner 2010, 135)

Über häufige metasprachliche und metakommunikative Aktivitäten sowohl im Klassenverbund als auch in Partner- und Gruppenarbeit wird sukzessive und auf dem individuellen Niveau die Ausbildung von Sprachbewusstheit unterstützt.

5.2.1 3-Ebenen-Modell

Die Verbindung von selbstgesteuertem und gemeinschaftlichem Lernen ist ein wesentliches Merkmal von KIDSS, das maßgeblich Einfluss auf die Organisation des Unterrichts nimmt. Das *3-Ebenen-Modell* visualisiert die bevorzugte unterrichtsorganisatorische Umsetzung (vgl. Abb. 9).

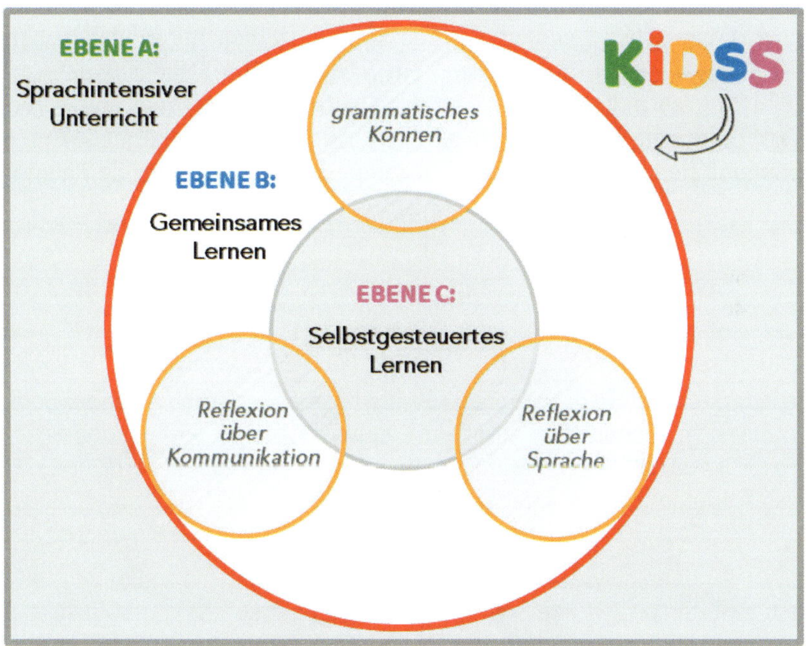

Abb. 9: 3-Ebenen-Modell

Ebene A: Sprachintensiver Unterricht: KIDSS ist in einen sprachintensiven Deutschunterricht eingebettet, der auf die Förderung primärsprachlicher Kompetenzen abzielt (vgl. ausführlich Luptowicz 2021, 120ff.).

Ebene B: Gemeinsames Lernen: Plenumsphasen dienen einer spielerischen Förderung (und auch Beobachtung) des individuellen grammatische Könnens der Lernenden. Darüber hinaus werden ritualisierte Abläufe wie etwa die *KIDSS-Werkstatt* oder aber die *KIDSS-Runde* und der *KIDSS-Briefkasten* eingeführt sowie mit dem regelmäßig stattfindenden *KIDSS-Tipp* metasprachliche sowie metakommunikative Modelle bereitgestellt.

Ebene C: Selbstgesteuertes Lernen: Selbstgesteuerte Lernphasen lösen sich von der Arbeit im Klassenverband und nutzen vielmehr die Vorteile kooperativer Lernprozesse wie eine erhöhte Schülerbeteiligung sowie längere metasprachliche Sequenzen in Partnerarbeit und Kleingruppen. Auf diese Weise erfolgt nicht nur eine vertiefte Auseinandersetzung mit sprachreflexiven Themen, sondern auch eine Förderung des grammatischen Könnens durch die erhöhte Schülerbeteiligung: Individualisierte Übungen führen dabei zur Ausbildung von Routinen und zielen v.a. darauf ab, die Fehlerquote in der Verwendung einer grammatischen Kategorie zu reduzieren. Lese-Tandems (Lernmechanismen: *Imitation*; *Häufigkeiten im Input*) werden in dem Zuge ebenso eingeführt wie Arbeitspläne zu individuellen Schwerpunkten innerhalb der Grammatikentwicklung.

5.2.2 Didaktische Landkarte

Die Inhalte von KIDSS werden in Orientierung am *Spracherfahrungsansatz* (vgl. Brügelmann 1989) in Form einer didaktischen Landkarte dargestellt (vgl. Abb. 10). Der Vorteil einer didaktischen Landkarte ist, dass die einzelnen Lernfelder thematisch konkretisiert (beispielsweise in Orientierung am Sachunterricht) und auf unterschiedlichen Niveaustufen je nach individuellem Lernstand kursorisch erarbeitet und vertieft werden können. Darüber hinaus ist gewährleistet, dass alle Inhalte gleichermaßen im Unterricht Berücksichtigung finden und keine Spezialisierung auf eher traditionelle Themen erfolgt.

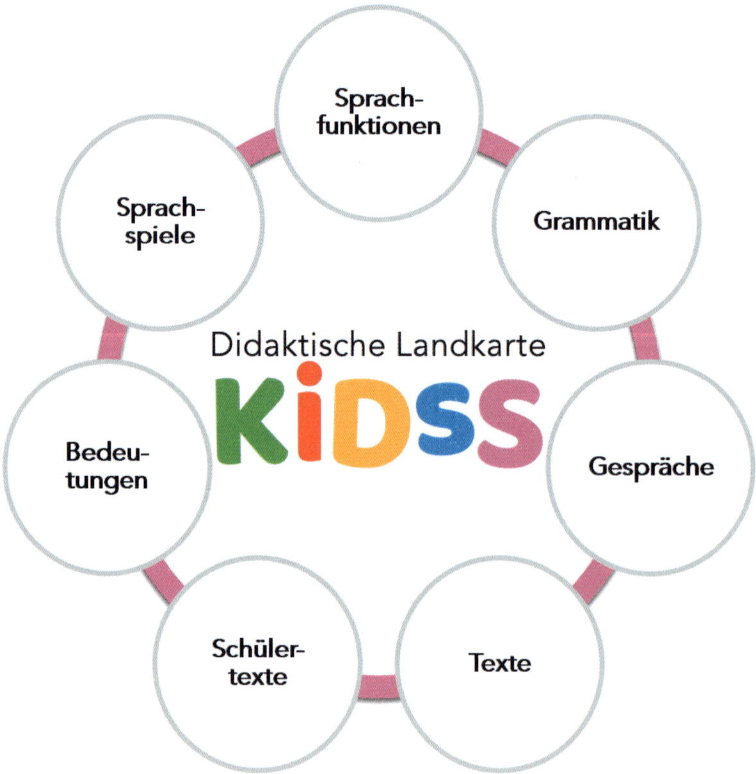

Abb. 10: Didaktische Landkarte KIDSS

Die insgesamt sieben Lernfelder leiten sich aus den KIDSS-orientierten Inhalten ab. Alle Lernfelder sind dabei gleich wichtig und werden im Rahmen eines thematisch verdichteten Vorgehens auf unterschiedlichen Niveaustufen immer wieder durchlaufen. Die einzelnen Lernfelder der didaktischen Landkarte von KIDSS sind folgendermaßen aufgebaut:

- *Sprachspiele (SSP):* Die Schüler entdecken und erproben Sprachspielereien von der Laut- bis hin zur Textebene und reflektieren über deren Funktion.
- *Sprachfunktionen (SF)*: Die Heranwachsenden unterscheiden verschiedene Funktionen von Sprache (wie interaktiv, kommunikativ, sozial, informativ, repräsentativ, imaginativ, personal, ästhetisch, kreativ, wertend, heuristisch), indem sie über Absicht und Wirkung reflektieren.
- *Gespräche (GS):* Die Kinder entdecken in vielfältigen Gesprächssituationen die Ursachen und Wirkungen von Verstehens- sowie Verständigungsproblemen und erproben einen situationsangemessenen Sprachgebrauch.
- *Texte (T):* Die Schüler entdecken und reflektieren sprachliche Auffälligkeiten in lyrischen, epischen und dramatischen Texten.
- *Schülertexte (ST):* Die Heranwachsenden reflektieren sprachliche Auffälligkeiten in (eigenen) Kindertexten.
- *Bedeutungen (B):* Die Kinder vergleichen synchron und diachron Bedeutungsunterschiede bzw. -veränderungen und reflektieren über die Bedeutung von Fremdwörtern.
- *Grammatik (GR):* Die Schüler erweitern ihr individuelles grammatisches Können durch regelmäßige Lesesituationen in Lesetandems (*Lese-KIDSS*) sowie durch individuell geeignete Übungs- und Spielformate (*Spiel-KIDSS*).Bei der Konkretisierung der einzelnen Lernfelder in kompetenzorientierte Aufgaben wird darauf geachtet, dass verschiedene Ebenen der direkten (*Familie*, *Freizeit*, *Schule*) und indirekten Umwelt (*Medien, Kultur*) des Kindes einbezogen sind.

5.3 Methodisch-didaktische Überlegungen

Um der Herausforderung einer Individualisierung des Unterrichts bezogen auf Lernziele, Lernwege sowie Lernevaluation begegnen zu können, sind von der Lehrkraft spezifische didaktische Aufgaben zu bewältigen. Ziener beschreibt drei elementare Schritte im Umgang mit Heterogenität, die sich wechselseitig bedingen (vgl. Abb. 11). Grundvoraussetzung ist zunächst das Wahrnehmen der Verschiedenheit (1), das zu differenzierten Zielsetzungen innerhalb gleicher bildungspolitischer Vorgaben führt (2). Die Lernumgebung ist schließlich so zu gestalten, dass die gesteckten Ziele bzw. Kompetenzen für jedes Kind realistisch erreichbar werden (vgl. Ziener 2016, 26f.). Die folgenden Ausführungen zeigen daher auf den Ebenen Lernziele/ Kompetenzniveaus, Lernwege sowie Lernevaluation, wie diese didaktischen Aufgaben für den Kompetenzbereich *Sprache und Sprachgebrauch untersuchen* umgesetzt werden können. Zunächst sind hierfür Vorschläge für differenzierte Aufgabenformate abzuleiten, die unterschiedliche Anforderungsniveaus berücksichtigen (vgl. Kapitel B5.3.1).

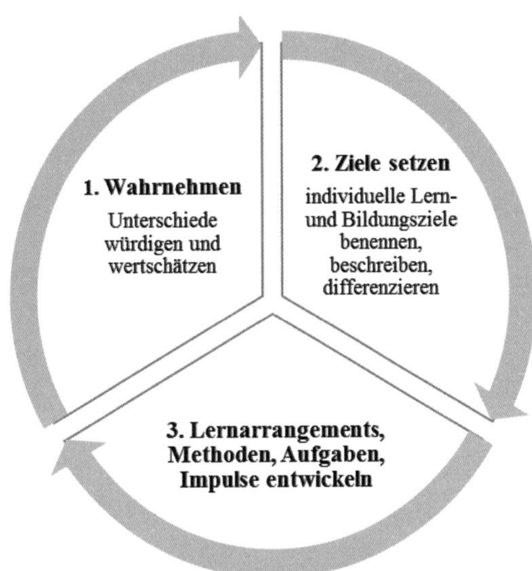

Abb. 11: Elementare didaktische Aufgaben (Ziener 2016, 27)

In einem nächsten Schritt ist zu planen, auf welchen Lernwegen die Ziele erreicht werden können (vgl. Kapitel B5.3.2) und auf welche Weise eine prozess- sowie produktorientierte Lernevaluation stattfinden kann (vgl. Kapitel B5.3.3). All diese Erkenntnisse ergeben sich aus der individuellen Ausgangslage der Lernenden (vgl. ausführlich Luptowicz 2021, 7ff.).

5.3.1 Individualisierte Lernziele bzw. Kompetenzniveaus

Die Individualisierung von Lernzielen bzw. eine differenzierte Graduierung in Kompetenzniveaus ist wohl eine der größten Herausforderungen. Dies liegt zum einen an der bereits problematisierten Tatsache, dass Kompetenzmodelle bislang nur zu vier der zwölf Standards vorliegen – und gleichzeitig aufgrund der eher formalen Ausrichtung nicht unbestritten sind. Zum anderen wird immer wieder als Problem angeführt, dass gerade zu den Standards *sprachliche Verständigung untersuchen* sowie *Gemeinsamkeiten und Unterschiede von Sprachen entdecken* keine standardisierten Aufgaben konstruiert werden können – was eigentlich die Voraussetzung von Bildungsstandards per se sowie deren Überprüfung durch standardisierte Testformate darstellt. Dieses Dilemma führt im Rahmen von KIDSS zu der Frage, was zum jetzigen Stand für den Unterricht überhaupt als Grundlage dienen kann, um die ganze Breite des Kompetenzbereichs im Primarstufenunterricht umzusetzen. Neben entwicklungspsychologischen Erkenntnissen sind das etwa die Anforderungsbereiche von Aufgaben (*Wiedergeben*, *Zusammenhänge herstellen*, *Reflektieren und Beurteilen*; vgl. KMK 2005, 17) sowie ein Vorschlag für ein Kompetenzmodell zum Standard *Gemeinsamkeiten und Unterschiede von Sprachen entdecken*. Weiterführende Forschungsarbeiten sind daher dringend nötig.

Für die Individualisierung von Lernzielen werden im Rahmen von KIDSS aufgrund der Forschungslage für die einzelnen Inhalte Kompetenzniveaus festgelegt, die an Vorschlägen zur Kompetenzexegese nach Ziener angelehnt sind (vgl. ebd. 2016, 64ff.), aber perspektivisch noch evaluiert werden müssen. Durch die Beantwortung der Leitfrage *Was kann ein Kind, wenn es das kann?* wird für die einzelnen Inhalte von KIDSS eine erste Graduierung von Kompetenzen erreicht, auf die ebenso bei der Planung KIDSS-orientierter Lernwege (vgl. Kapitel D2.4.3.2) Bezug genommen werden kann. Die Graduierung bezieht sich auf die bildungspolitischen Vorgaben zu Mindest-, Regel- und Expertenstandards. Eine besondere Schwierigkeit stellt die Formulierung des Mindeststandards dar, was das folgende Beispiel von Ziener verdeutlich:

> „Am Beispiel der Fähigkeit ‚Sprechbeiträge situationsangemessen (zu) planen' (s.o.) lauten die Mindestwünsche [Anm.: befragter Lehrpersonen] etwa: Alle Schülerinnen und Schüler verfügen über ein hinreichend differenziertes Repertoire der Standardsprache; sie identifizieren Alltagssituationen und können sprachsensibel auf ihr Repertoire zugreifen; sie überlegen (planen), bevor sie sprechen, und sind sich möglicher Missverständnisse bewusst [...]. Längst wird deutlich, diese (erhofften) ‚Mindeststandards' wird ein beträchtlicher Teil der Lerngruppe niemals erreichen, aber er wird dennoch sein Leben und auch die Abschlussprüfung bestehen können [...]. Realistische Mindeststandards – also solche, die tatsächlich von der überwiegenden Mehrheit der Schülerinnen und Schüler oder gar von allen eingelöst werden können – neigen bei diesem Experiment gern zu einer kaum erträglichen Banalität und Trivialität. Sarkastisch ausgedrückt, lautet ein realistischer Mindeststandard am genannten Beispiel: ‚Können destruktive Beiträge unterdrücken, können Störungen unterlassen'" (Ziener 2016, 68).

Dass bildungspolitische Vorgaben die Frage nach dem Mindestniveau offen lassen, macht dessen Formulierung nicht leichter. Im Folgenden wird ein Versuch vorgenommen, die einzelnen Inhalte von KIDSS auf Basis aktueller Erkenntnisse zu graduieren – inklusive eines realistischen Mindeststandards.

5.3.1.1 Grammatisches Können

Für das grammatische Können von Grundschulkindern bildet bei der Planung der KIDSS-orientierten Lernumgebung der kindliche Grammatikerwerb (vgl. ausführlich Luptowicz 2021, 27ff.) den Ausgangspunkt (vgl. Abb. 12). Während zu Beginn *Imitation* die vornehmliche Lernstrategie darstellt, bilden die Kinder sukzessive eigene Analogien, indem bestimmte sprachliche Strukturen auf andere Wörter übertragen werden. Die eingetretenen Lerneffekte werden durch Übergeneralisierungen sichtbar, da aufgrund der Analogiebildung auch negative Transfers zustande kommen (vgl. ebd. 33f.; *U-Kurve des Lernens;* Karmiloff-Smith 2001). Der Beginn der Analogiebildungen ist je nach individuellem Sprachstand des Schülers sowie nach grammatischem Phänomen verschieden.

Bei KIDSS wird die folgende Graduierung für das Ende der Primarstufenzeit festgelegt:

- *Mindestniveau:* Die Kinder imitieren die grammatische Zielstruktur
- *Regelniveau:* Die Kinder bilden Analogien zur grammatischen Zielstruktur (inklusive Übergeneralisierungen).
- *Expertenniveau:* Die Kinder bilden die grammatische Zielstruktur in einem lebensweltlichen Kontext überwiegend korrekt.

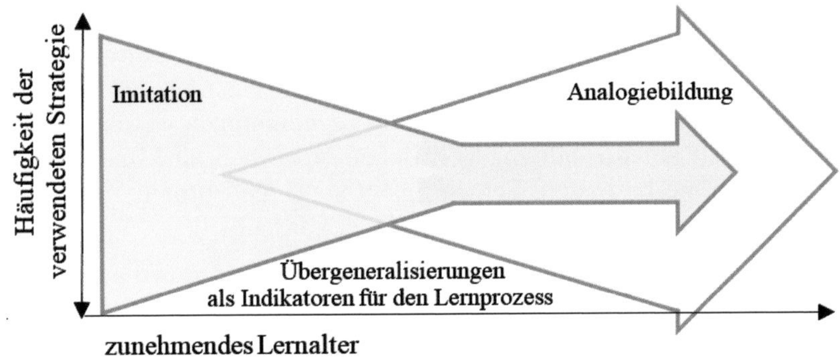

Abb.12: Ausbildung grammatischen Könnens mit zunehmendem Lernalter

Die Graduierung gilt für alle grammatischen Inhaltsbereiche von KIDSS gleichermaßen und dient als Grundlage für kompetenzorientierte Aufgaben sowie eine individualisierte Lernevaluation. Das Erreichen des Regelniveaus am Ende der Primarstufenzeit ist zudem die Voraussetzung für eine explizite Wissensvermittlung grammatischer Phänomene in der Sekundarstufe.

5.3.1.2 Metasprachliche Fähigkeiten

Im Rahmen der metasprachlichen Fähigkeiten muss zunächst eine Neustrukturierung vorgenommen werden, um Anforderungsbereiche sowohl für bisherige Standards der KMK als auch für im Rahmen von KIDSS neu gewonnene Inhalte darstellen zu können. Aufgrund der funktional-pragmatischen Perspektive sind alle Gegenstandsfelder in den übergeordneten Standard *an Wörtern, Sätzen, Texten arbeiten* eingebettet. Neben den Gegenstandsfeldern *Wörter strukturieren und Möglichkeiten der Wortbildung kennen*[6] sowie *Wörter sammeln und ordnen* wurde ebenso der ursprünglich eigenständige Standard *Gemeinsamkeiten und Unterschiede von Sprachen feststellen* eingegliedert. Aufgrund der gewählten funktional-pragmatischen Perspektive und der Ausrichtung an der kindlichen Lebenswelt wird das Sprachmaterial aus (mündlichen und schriftlichen) Texten generiert. Tabelle 1 zeigt die vorgenommenen Graduierungen für das Ende der Primarstufenzeit. Ferner werden die traditionellen Gegenstandsfelder aufgrund der Erkenntnisse zur kindlichen Entwicklung metasprachlicher Aspekte bei KIDSS erweitert, indem die Lernenden zusätzlich *die pragmatische Dimension Modalität entdecken* sowie *über Mehrdeutigkeit und Redewendungen nachdenken.* In der Tabelle werden zwei zentrale Aspekte von KIDSS verdeutlicht: Zum einen liegt der Fokus auf einer funktional-pragmatischen Zugangsweise, zum anderen werden Vorkenntnisse der Lernenden im metasprachlichen Bereich (vgl. Luptowicz 2021, 55ff.) einbezogen. Dies führt zu einer könnensorientierten Graduierung, die von der Vermittlung expliziten Wissens absieht und jedes Kind auf dem individuellen metasprachlichen Niveau abholt.

6 Es erfolgt eine Umbenennung in *Wörter strukturieren und neue Wörter bilden*, um die explizite Wissensvermittlung als verpflichtenden Unterrichtsinhalt zu vernachlässigen.

Graduierung metasprachlicher Fähigkeiten		KiDSS	
Standard		Anforderungsbereiche Die Kinder...	
an Wörtern, Sätzen, Texten arbeiten	Wörter strukturieren und neue Wörter bilden	1	strukturieren und bildenWörter.*
		2	verbalisieren die Strukturierung und Bildung von Wörtern.
		3	vergleichen die Struktur und Bildung verschiedener Wörter.
	Wörter sammeln und ordnen	1	sammeln und ordnen Wörter zu bestimmten Themengebieten.*
		2	verbalisieren Gemeinsamkeiten und Unterschiede gesammelter Wörter.
		3	begründen die gefundene Ordnung.
	synchron: Unterschiede von Varietäten, Umgangssprache und Standardsprache entdecken; Gemeinsamkeiten und Unterschiede von Deutsch – Muttersprachen der Kinder mit Migrationshintergrund/ Nachbarsprachen/ Fremdsprachen entdecken; diachron: Bedeutungsunterschiede im Rahmen des Sprachwandels entdecken	1	beschreiben sprachliche Bedeutungen.
		2	vergleichen sprachliche Bedeutungen bezogen auf Gemeinsamkeiten und Unterschiede.
		3	diskutieren über mögliche Ursachen von Bedeutungsunterschieden.
	gebräuchliche Fremdwörter untersuchen	1	erkennen Fremdwörter und beschreiben mögliche Bedeutungen.
		2	arbeiten durch den Einsatz von Strategien Bedeutungen von Fremdwörtern heraus.
		3	reflektieren die Bedeutung.
	die pragmatische Dimension Modalität entdecken; über Mehrdeutigkeit und Redewendungen nachdenken	1	nehmen Modalität/ Mehrdeutigkeit wahr.*
		2	beschreiben die wahrgenommene Modalität/ Mehrdeutigkeit.
		3	reflektieren die wahrgenommene Modalität/ Mehrdeutigkeit.
	mit Sprache experimentell und spielerisch umgehen	1	spielen mit Sprache.
		2	beschreiben die Sprachspielereien.
		3	reflektieren die Sprachspielereien.
* inneres Sprechen			

Tab. 1: Graduierung metasprachlicher Fähigkeiten

5.3.1.3 Metakommunikative Fähigkeiten

Bei der Graduierung von Anforderungsniveaus bezogen auf metakommunikative Fähigkeiten werden die Gegenstandsfelder der Bildungsstandards (vgl. KMK 2005, 9) zum Standard *Sprachliche Verständigung untersuchen* übernommen. Es erfolgt allerdings eine Anreicherung mit weiteren Inhalten, die gewährleistet, dass eine Umsetzung in verschiedenen Kontexten der direkten (wie *Familie*, *Freizeit*, *Schule*) und indirekten kindlichen Umwelt (wie *Medien*, *Kultur*) geschieht (vgl. Tab. 2).

Graduierung metakommunikativer Fähigkeiten			KiDSS
Standard		Anforderungsbereiche/ Die Kinder…	
Sprachliche Verständigung untersuchen	Beziehungen zwischen Absicht – sprachlichen Merkmalen – Wirkungen untersuchen	1	beschreiben eine nonverbale bzw. verbale Einheit in eigenen Worten.
		2	setzen Wirkungen von nonverbalen bzw. verbalen Einheiten mit bestimmten Absichten in Beziehung.
		3	kommentieren Beziehungen zwischen Absicht und Wirkung nonverbaler und verbaler Merkmale.
	Unterschiede von gesprochener und geschriebener Sprache kennen	1	beschreiben einzelne Merkmale von Mündlichkeit und Schriftlichkeit.
		2	arbeiten Unterschiede zwischen mündlichen und schriftlichen Äußerungen heraus.
		3	beurteilen (eigene) Texte/ Gespräche bezogen auf situationsangemessene Sprachverwendung.
	Rollen von Sprecher/ Schreiber – Hörer/ Leser untersuchen und nutzen	1	beschreiben verschiedene Rollen von Sprecher/ Schreiber bzw. Hörer/ Leser.
		2	arbeiten Unterschiede zwischen verschiedenen Rollen heraus.
		3	nehmen Stellung zu verschiedenen Rollen.
	über Verstehens- und Verständigungsprobleme sprechen	1	beschreiben/ skizzieren das Verständigungsproblem.
		2	analysieren die Situation, die zum Verständigungsproblem führt.
		3	nehmen Stellung zur Situation und entwerfen Lösungswege.

Tab. 2: Graduierung metakommunikativer Fähigkeiten

5.3.2 KIDSS-orientierte Lernwege

Erklärungsansätze zum kindlichen Spracherwerb zeigen, dass es gerade vielfältige kommunikative Interaktionen zwischen den Heranwachsenden selbst sind, die etwa metasprachliche Sequenzen nicht nur auslösen, sondern sogar im Vergleich zur Interaktion mit Lehrpersonen länger aufrechterhalten lassen. Ferner zeigen Erkenntnisse aus der Entwicklungspsychologie, dass *Häufigkeiten im Input* zu besseren Lerneffekten führen (vgl. ausführlich Luptowicz 2021, Kapitel B). Aus diesen Gründen wird im Sinne der Konstruktion KIDSS-orientierter Lernwege auf *kooperative* Lernmethoden sowie *spielerische* Formate mit häufiger Wiederholung und einer breiten Aktivierung der Kinder zurückgegriffen, die ebenso ein Anknüpfen an individuellen Vorerfahrungen ermöglichen. Kooperatives Lernen zeichnet sich durch die folgenden Merkmale aus:

> „Wissen [wird] nicht vom Lehrer vermittelt, sondern von Individuen in gemeinsamen Aushandlungsprozessen aktiv konstruiert [...] Der Einbezug früherer Erfahrungen und des bereits vorhandenen Vorwissens, das Zulassen und Abwägen verschiedener Sichtweisen und der Wunsch, Neues zu entdecken, spielen dabei eine wichtige Rolle. Der Lerngegenstand weitet sich dadurch aus und wird von den Lernenden mitbestimmt. In einer solchen Lernsituation tritt die Lehrperson scheinbar in den Hintergrund. Verantwortlich bleibt sie doch. Sie gestaltet die Lernumgebungen, die die Wissenskonstruktion ermöglichen, sie unterstützt und berät die Schülerinnen und Schüler [...]. Unweigerlich aktiv sind jedoch die Lernenden selbst, die in einem selbstgesteuerten Prozess neues Wissen konstruieren. Gearbeitet wird in Partnerarbeit oder Kleingruppen, wo es mehr Raum für Fragen und Diskussionen gibt" (Borsch 2015, 23).

Von der erhöhten Schülerbeteiligung durch den Dreischritt *Denken – Austauschen – Vorstellen* (vgl. Brüning 2012, 12) werden neben positiven Effekten bezogen auf reflexive Tätigkeiten ebenso Fortschritte im Grammatikerwerb erwartet – die darüber hinaus durch wiederholt eingesetzte Spielformate gefördert werden. Kooperative Lernformen eröffnen demnach für alle drei Inhaltsbereiche (*grammatisches Können*, *Reflexion über Sprache*, *Reflexion über Kommunikation*) Potentiale für kompetenzorientiertes Lernen. Dies wird gestützt durch die Auswahl wesentlicher Themen aus der kindlichen Lebenswelt (Lernmechanismus: *individuelle Bedeutsamkeit*), die nicht nur aus dem sozioökologischen Modell von Bronfenbrenner (vgl. Abb. 6), sondern ebenso aus eigenen Befragungen sowie Studienergebnissen (z.B. MpFS 2018) gewonnen werden. Darüber hinaus ist gerade der Standard *sprachliche Verständigung untersuchen* auch eng mit sozialem Lernen verknüpft, das durch kooperative Lernformen unterstützt wird. Aus all diesen Erkenntnissen werden didaktisch-methodische Konsequenzen abgeleitet, was neben Plenumsphasen die Gestaltung einer didaktisch vorstrukturierten Lernumgebung zur Folge hat, in der die Kinder weitgehend selbstgesteuert ihre Fähigkeiten erweitern – KIDSS-orientierte Lernwege entstehen.

5.3.2.1 Grammatisches Können

Basierend auf den erläuterten Lernmechanismen des Grammatikerwerbs (*Häufigkeiten im Input*, *Imitation*, *Analogiebildung*) intergiert KIDSS die Förderung des grammatischen Könnens sowohl in gemeinsame (vgl. Ebene 2) als auch in selbstgesteuerte Lernphasen (vgl. Ebene 3). Dabei wird zwischen den Formaten *Spiel-KIDSS* und *Lese-KIDSS* differenziert:

Spiel-KIDSS: Nicht nur die Ausführungen von Andresen haben gezeigt, dass es v.a. spielerische Zugänge sind, die Kindern die Weiterentwicklung grammatischer Fähigkeiten ermöglichen. Über vielfältige Spielformate wird daher im Rahmen von KIDSS durch das Format *Spiel-KIDSS* an diesen Erkenntnissen angeknüpft. Ziel ist es, eine bestimmte grammatische Struktur durch die häufige Imitation in Spielsituationen einzuüben, um bestehende Fehlerquoten zu mindern und eine Handlungsautomatisierung zu erreichen. Da entwicklungspsychologische Studien zeigen, dass dabei v.a. *Häufigkeiten im Input* eine entscheidende Rolle spielen, werden neue Spielformate nach der Einführung im Klassenverband gezielt im Rahmen des selbstgesteuerten Lernens in der KIDSS-orientierten Lernumgebung immer wieder aufgegriffen. Je nach Entwicklungsphase der Kinder besteht sowohl die Möglichkeit eines rein imitativen Übens als auch das Vorgeben von Impulsen zur Bildung von Analogien durch einen experimentellen Umgang mit Sprache.

Lese-KIDSS: Die Bedeutung gemeinsamer Lesesituationen in Lesetandems wird in der deutschdidaktischen Forschung seit Jahren betont (vgl. z.B. Gold 2018, 79). Die positiven Effekte auf die Lesekompetenz – insbesondere auf der Prozessebene, aber ebenso mit Transfereffekten auf die Subjekt- und soziale Ebene – können allerdings darüber hinaus durch eine Förderung des individuellen Grammatikerwerbs noch weiter untermauert werden. Dies geschieht indes durch eine reflektierte Textauswahl seitens der Lehrkraft, indem beispielsweise darauf geachtet wird, dass der Text nicht nur den individuellen Interessen sowie dem Fähigkeitsniveau der Lernenden entspricht, sondern ebenso wiederholt eine grammatische Struktur enthält, die bei den betreffenden Kindern noch eine hohe Fehlerquote aufweist. Im Anschluss eröffnen generative Schreib- oder Sprechanlässe die Möglichkeit, fehleranfällige grammatische Strukturen zu festigen.

Die beiden Formate *Spiel-KIDSS* und *Lese-KIDSS* sind ritualisierte Abläufe, die im Rahmen der didaktischen Landkarte im Bereich *Grammatik* durchweg zur Verfügung stehen.

5.3.2.2 Metasprachliche und metakommunikative Fähigkeiten

Die Bedeutung vielfältiger Interaktionen im Rahmen kooperativer Lernformen wird in der Literatur vermehrt als Bedingung für die Rekonstruktion mentaler Repräsentationen angeführt. KIDSS greift auf ritualisierte kooperative Lernmethoden zurück, um diese Erkenntnisse zu nutzen (vgl. Abb. 13) und eine Erweiterung der individuellen metasprachlichen und metakommunikativen Fähigkeiten zu erreichen.

Erkenntnisse zum Vorschulalter zeigen, dass beispielsweise Sprach- und Rollenspiele zu einer experimentierenden Auseinandersetzung mit Sprache und damit folglich zu einer besseren Verfügbarkeit führen (vgl. Andresen 2011a, 18). Stude (2014) stellt in diesem Zusammenhang mit den Ergebnissen ihrer Untersuchung v.a. die Bedeutung der Kind-Kind-Interaktionen heraus. Peerinteraktionen bringen die Heranwachsenden nicht nur zu häufigeren, sondern auch zu höheren metasprachlichen und metakommunikativen Leistungen als Interaktionen mit Erwachsenen (vgl. ebd., 246). Dies liegt daran, dass „[k]ommunikative und interaktive Aufgaben, die sonst die Erwachsenen übernehmen, […] nun selbständig erledigt werden [müssen], um die Kommunikation aufrechtzuerhalten“ (ebd., 248). Darüber hinaus gilt die Lehrkraft als wichtiges Modell für die metakommunikativen Verbalisierungen.

Abb.13: Kooperative Lernmethoden von KIDSS

All diese Erkenntnisse greift KIDSS auf und setzt sie in den folgenden kooperativen Lernmethoden um:

KIDSS-Runde: Die KIDSS-Runde dient vornehmlich zur Ritualisierung von sprachreflexiven Tätigkeiten. Die Lernenden erhalten eine sprachliche/ kommunikative Einheit zur gemeinsamen Reflexion – wobei neben Vorgaben durch die Lehrkraft ebenso Vorschläge der Kinder aufgegriffen werden können (z.B. aus dem *KIDSS-Briefkasten*). Die Einheit kann aus allen Feldern der didaktischen Landkarte (vgl. Kapitel D2.4.2.2) stammen (*Sprachspiele, Sprachfunktionen, Grammatik, Gespräche, Texte, Schülertexte, Bedeutungen*). Bei der Durchführung der KIDSS-Runde wird auf eine ritualisierte Abfolge im Sinne des *Placemat* zurückgegriffen, um nach einer Einführung der Methode neben der Umsetzung im Plenum ebenso ein selbständiges Arbeiten zu gewährleisten (vgl. Ebene C). Bei dieser kooperativen Lernmethode finden sich die Heranwachsenden in Gruppen zusammen. Jedes Kind erhält zunächst ein Blatt Papier, worauf Vermutungen oder bereits vorhandenes Vorwissen zu einem neuen Themengebiet – beispielsweise im Rahmen des Standards *Beziehungen zwischen Absicht – sprachlichen Merkmalen – Wirkung reflektieren* verschriftet werden (Phase 1: *Denken*). Die Ideen werden im Anschluss in der Gruppe vorgestellt (Phase 2: *Austauschen*). Erkenntnisse, auf die sich alle Gruppenmitglieder einigen können, werden nun auf einem gemeinsamen Papier strukturiert und für die anschließende Präsentation im Plenum visualisiert. Schließlich stellen die Lernenden ihr Ergebnis in der Klasse vor (Phase 3: *Vorstellen*). Alternativ erstellt die Lehrperson eine Vorlage für das *Placemat* (vgl. Abb. 14), die sukzessive ausgefüllt wird. Entsprechende Symbole helfen dabei, den ritualisierten Ablauf (*Denken – Austauschen – Vorstellen*; vgl. Brüning 2012, 12) einzuhalten. Während des *Placemat* sucht sich die Lehrkraft gezielt einzelne Schüler aus, die sie kriterienbasiert beobachtet.

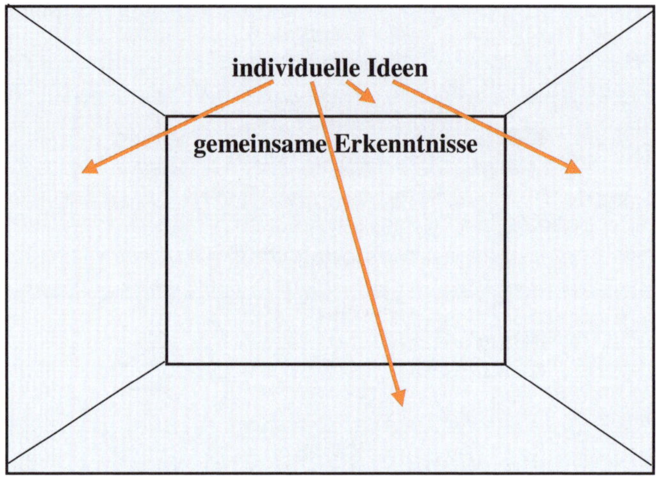

Abb. 14: Vorlage Placemat

KIDSS-Tipp: Angelehnt an das im Bereich der Rechtschreibung etablierte „Wort des Tages“ findet ritualisiert im Plenum das Format *KIDSS-Tipp* statt. Es dient dem Transfer erarbeiteter Inhalte auf kommunikative Alltagssituationen. Die Lehrkraft präsentiert den Schülern Fallbeispiele, über die gemeinsam reflektiert sowie über Lösungsmöglichkeiten diskutiert wird. Die Vorgehensweise ist aufgeteilt in die *Situationsdarstellung*, eine *Murmelrunde mit dem Partner* sowie dem *finalen Austausch im Plenum*. Ziel ist es, durch die wiederholte Durchführung metakommunikativer Sequenzen Modelle bereitzustellen, auf die die Kinder sukzessive in den kooperativen Lernphasen zurückgreifen.

KIDSS-Briefkasten: Um die Bedürfnisse und Interessen der Lernenden mit einzubeziehen, wird im Klassenzimmer ein Briefkasten aufgestellt, der mit auffälligen/ interessanten/ ungewöhnlichen/ unbekannten sprachlichen Einheiten gefüllt werden darf. Die Lehrperson leert den Briefkasten regelmäßig und wählt aus, welche Beispiele in einer KIDSS-Runde oder der KIDSS-Werkstatt bearbeitet werden.

KIDSS-Konferenz: Angelehnt an das Konzept des Klassenrates (auch: Kinderkonferenz) wird eine KIDSS-Konferenz eingeführt:

> „Der Klassenrat ist eine institutionalisierte, regelmäßige Zusammenkunft aller Schüler/-innen einer Klasse (+ Lehrer/-in) mit deutlich strukturiertem Ablauf und klarer Rollenverteilung, mit dem Ziel, soziales Verhalten, Verantwortungsbewusstsein, Problemlösefähigkeiten und Gemeinschaftsgefühl einzuüben“ (Schreiber et al. o.J., 31).

Schreiber et al. sprechen in ihrer Definition mehrere Aspekte an, die einer Reflexion über Kommunikation bedürfen. So ist die Metakommunikation Grundvoraussetzung zur Reflexion sozialen Verhaltens und damit der Problemlösefähigkeit. Im Rahmen einer im ein- oder zweiwöchentlichen Rhythmus stattfindenden KIDSS-Konferenz werden für die individuelle Klassensituation zentrale Problemfelder gemeinsam besprochen und Lösungen gefunden. Auf diese Weise werden die in der KIDSS-Werkstatt oder KIDSS-

Runde besprochenen Inhalte in Bezug auf lebensweltliche Probleme konkretisiert. Anders als im ritualisierten KIDSS-Tipp betreffen die Inhalte die Klasse selbst.

KIDSS-Werkstatt: In der KIDSS-Werkstatt werden mithilfe vielfältiger geeigneter (Reflexions-)Aufgaben vornehmlich neue Inhalte erarbeitet. Kooperativen Lernformen wird dabei der Vorzug gegeben. Die Werkstatt zeichnet sich durch einen ritualisierten Ablauf aus, der ein selbstgesteuertes Lernen in der Gruppe ermöglicht (vgl. Tab. 3).

KIDSS-Werkstatt		
Phase	Bezeichnung	Beschreibung
1	*Vermuten*	Die Kinder äußern spontan ihre ersten Vermutungen/ Ideen zur sprachlichen/ kommunikativen Einheit. Diese werden stichpunktartig (z.B. durch Brainwritings) verschriftet.
2	*Analysieren*	Die Gruppe teilt sich auf: In Einzel- oder Partnerarbeit wird die sprachliche/ kommunikative Einheit genauer betrachtet und durch entsprechende Aufgabenformate mit dem vorhandenen Vorwissen verknüpft. Ferner recherchieren die Heranwachsenden nach weiterführenden Informationen. Es besteht die Möglichkeit arbeitsteilig – beispielsweise im Sinne der Methoden Gruppenpuzzle oder KIDSS-Hüte – vorzugehen.
3	*Diskutieren*	Die Erkenntnisse werden in der Gruppe vorgestellt und diskutiert. Die Schüler halten Einsichten, denen alle zustimmen, gemeinsam fest.
Zwischenpräsentation: Die Kinder stellen ihren bisherigen Arbeitsstand vor und erhalten konstruktives Feedback.		
4	*Gestalten*	Die Lernenden einigen sich auf eine geeignete Visualisierungsform ihrer Ergebnisse und setzen diese um (z.B. in Form eines Erklärvideos).
Präsentation: Die Heranwachsenden präsentieren ihre Produkte.		
5	*Transfer*	Die Schüler finden weitere Beispiele aus anderen lebensweltlichen Gebieten.
6	*Abschluss*	Es erfolgt eine Reflexionsphase, die sowohl inhaltliche als auch arbeitstechnische Aspekte umfasst. So vergleichen die Kinder beispielsweise ihre eingangs angestellten Vermutungen mit ihrem Endergebnis oder nennen positive bzw. negative Aspekte ihrer Gruppenarbeit.

Tab. 3: KIDSS-Werkstatt

Für die Dokumentation der KIDSS-Werkstatt eignet sich beispielsweise ein Portfolio, um auch prozessbezogene Fähigkeiten beurteilen zu können.

KIDSS-Hüte: Die Methode eignet sich beispielsweise, um *Verstehens- und Verständigungsprobleme* zu reflektieren sowie *die eigene Perspektive zu erweitern*. Hierfür besteht entweder die Möglichkeit, dass die Lehrkraft verschiedene Theaterutensilien mitbringt, die die Kinder aufsetzen müssen, um in einem Rollenspiel eine bestimmte Perspektive einzunehmen. Ferner können die Hüte verschiedene Reflexionsanlässe symbolisieren, die zu einer vertieften Auseinandersetzung mit der Problematik sowie zur Perspektivenübernahme anleiten. Im Sinne einer didaktischen Reduktion für die Primarstufe bietet sich etwa die Wahl der folgenden Hüte für Reflexionsaufgaben (z.B. auch bei der Durchführung eines Klassenrats) an (did. red. n. Hoffmann & Kiehne 2016, 25):

- *Weißer Hut:* Neutrales Sammeln von Informationen
- *Roter Hut*: Subjektives Empfinden und persönliche Meinung
- *Schwarzer Hut:* Objektiv negative Aspekte
- *Gelber Hut:* Objektiv positive Aspekte
- *Grüner Hut:* Alternativen, Lösungsvorschläge
- *Blauer Hut:* Gesprächsleitung

5.3.3 Innovative Lernevaluation

Die für den Kompetenzbereich *Sprache und Sprachgebrauch untersuchen* noch innovative Lernevaluation von KIDSS zeichnet sich dadurch aus, dass die traditionelle Statusdiagnostik durch eine Prozessdiagnostik mit einem schülerspezifischen Stärken- und Schwächen-Profil (vgl. Seifert & Wiedenhorn 2018, 147f.) ergänzt wird. Die Vorgehensweise rekurriert auf die Anforderungen an einen pädagogischen Leistungsbegriff, der Ich-, Sozial- und Sachkompetenz gleichermaßen stärkt. Es handelt sich um einen dynamischen Begriff, der sich prozessbezogen am „Maß der Anstrengung, der Reflexion, des Nutzens von Hilfen, des Suchens und Verarbeitens unterstützender Medien oder anderer Ressourcen, der Sorgfalt und der Eigenkontrolle [sowie] der Annäherung an ein gelungenes ‚Ergebnis'" (Knauf 2009, 241) orientiert. Häufig wird in diesem Zusammenhang – neben dem Hinweis auf Lernkontrakte oder Lerntagebücher – die Portfolioarbeit zur Leistungsbeurteilung bevorzugt genannt. Die Lernevaluation bei KIDSS knüpft an diesen Erkenntnissen im Sinne einer *KIDSS-orientierten Lernevaluation* an (vgl. Abb. 15). Die Lernevaluation ist an Erkenntnisse aus gemeinsamen Lernphasen (z.B. bei Präsentationen oder gemeinsamen Reflexionen) und an solchen aus selbstgesteuertem Lernen (z.B. in der KIDSS-Werkstatt) geknüpft.

Aber auch die Heranwachsenden selbst tragen zur prozessorientierten Lernevaluation bei, indem sie ihre Arbeitsergebnisse in Form eines integrativen, thematischen Portfolios dokumentieren und reflektieren sowie besonders gelungene Produkte für das KIDSS-Buch begründet auswählen. Das KIDSS-Buch wird während des gesamten Schuljahres geführt. Damit leisten die Schüler einen entscheidenden Anteil an der Lernevaluation. Ein Einbezug von Arbeitsergebnissen aus den anderen Kompetenzbereichen ist im Sinne der integrativen Vorgehensweise ebenso möglich, führt allerdings zu einer größeren Komplexität in der Beurteilung. Im Folgenden werden Möglichkeiten für eine innovative Lernevaluation der einzelnen Inhaltsbereiche von KIDSS – *grammatisches Können, Reflexion über Sprache* sowie *Reflexion über Kommunikation* – mithilfe alternativer Beurteilungsformen erläutert. Gerade deren gewinnbringende Verbindung führt zu einem differenzierten Bild der individuellen Fähigkeiten der Kinder und eignet sich daher auch als Grundlage für Lernentwicklungsgespräche oder zur Identifikationen individueller Förderschwerpunkte.

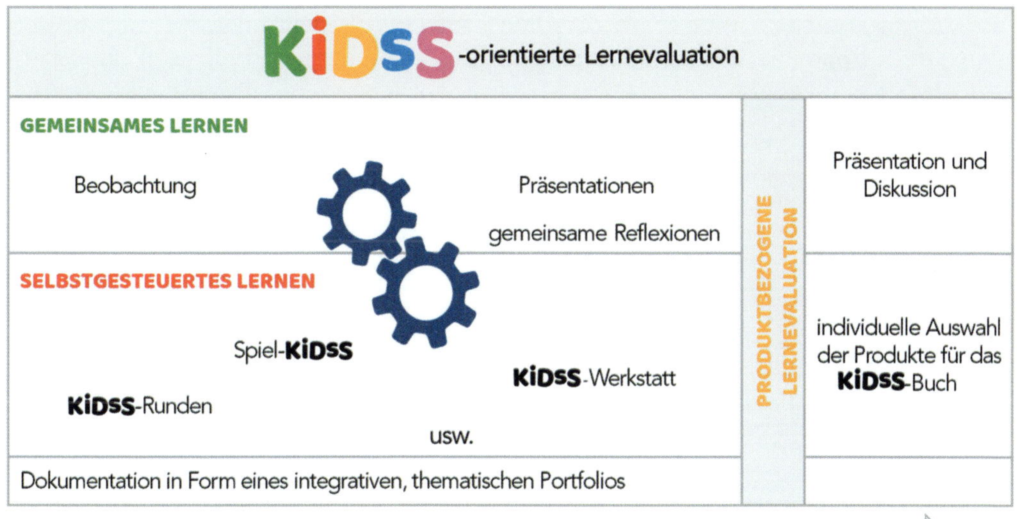

Abb. 15: KIDSS-orientierte Lernevaluation

5.3.3.1 Stärken-Schwächen-Profile

Um die individuelle Entwicklung der Lernenden kompetenzorientiert über das gesamte Schuljahr hinweg festzuhalten, bietet sich das Führen individueller Stärken-Schwächen-Profile an. Erkenntnisse können dabei sowohl aus gezielten Schülerbeobachtungen als auch aus Analysen von Schülertexten gewonnen werden. Darüber hinaus integrieren v.a. in Bezug auf das grammatische Können immer mehr digitale Angebote eine Rückmeldefunktion, die individuelle Fehlerquoten sichtbar machen. Im Rahmen von KIDSS führen Lehrkräfte zum Kompetenzbereich *Sprache und Sprachgebrauch untersuchen* für jedes Kind drei verschiedene Stärken-Schwächen-Profile im Laufe eines Schuljahres, die den drei Inhaltsbereichen des Unterrichtskonzepts entsprechen (vgl. Abb. 16-18). Ziel ist das monatliche Bewerten des grammatischen, metasprachlichen sowie metakommunikativen Könnens, um Entwicklungsfortschritte im Verlauf eines Schuljahres sichtbar zu machen. Je nach Unterrichtsinhalt müssen nicht alle Aspekte jeden Monat Berücksichtigung finden. Im Rahmen des grammatischen Könnens wird u.a. eine Einschätzung vorgenommen, ob das betreffende Kind die gewählte grammatische Struktur imitiert (I), bereits Analogien bildet (A) oder aber mit einer geringen Fehlerquote korrekt verwendet (K; vgl. Abb. 16). Die Bögen zur Einschätzung der metasprachlichen sowie metakommunikativen Fähigkeiten erfordern hingegen die Bewertung der entsprechenden Kompetenz – beispielsweise durch das Nutzen der Skala - *O* +.

KiDSS-orientierter Beobachtungbogen zum grammatischen Können – JAHRESÜBERSICHT

Name: ______ Kl.: ___		Sep	Okt	Nov	Dez	Jan	Feb	Mär	Apr	Mai	Jun	Jul	Beobachtungen
Flexion													
Kasusmarkierung	Genitiv												
	Dativ												
	Akkusativ												
Komparation	Komparativ												
	Superlativ												
	Elativ												
Konjunktiv	Konjunktiv 1												
	Konjunktiv 2												
	„würde"+Infinitiv												
Zeitformen	Präteritum												
	Perfekt												
	Zukunft												
Passivbildungen	Zustandspassiv												
	Vorgangspassiv												
Wortbildung													
Verkleinerungsformen													
denominale Adjektive													
Affigierungen													
Komposition													

I = Imitation A = Analogienbildung (mit Übergeneralisierungen) K = überwiegend korrekt

Abb. 16: Beobachtungsbogen grammatisches Können

KiDSS-orientierter Beobachtungbogen zu metasprachlichen Fähigkeiten – JAHRESÜBERSICHT												
Name: ______ Klasse: ___ SJ: ______	Sep	Okt	Nov	Dez	Jan	Feb	Mä	Apr	Mai	Jun	Jul	Beobachtungen
Wörter strukturieren und neue Wörter bilden												
…strukturiert und bildet Wörter.												
…verbalisiert die Strukturierung und Bildung von Wörtern.												
… vergleicht die Strukturierungen und Bildung verschiedener Wörter.												
Wörter sammeln und ordnen												
… sammelt und ordnet Wörter zu einem bestimmten Themengebiet.												
… verbalisiert Gemeinsamkeiten und Unterschiede gesammelter Wörter.												
… begründet die gefundene Ordnung.												
***synchron:* Unterschiede von Dialekt und Standardsprache entdecken/ Gemeinsamkeiten und Unterschiede von Deutsch – Muttersprachen der Kinder mit Migrationshintergrund/ Nachbarsprachen/ Fremdsprachen entdecken; *diachron:* Bedeutungsunterschiede im Rahmen des Sprachwandels entdecken**												
… beschreibt sprachliche Bedeutungen.												
… vergleicht Gemeinsamkeiten und Unterschiede.												
… diskutiert über mögliche Ursachen von Bedeutungsunterschieden.												
gebräuchliche Fremdwörter untersuchen												
… erkennt Fremdwörter und beschreibt mögliche Bedeutungen.												
… arbeitet Bedeutungen von Fremdwörtern heraus.												
… reflektiert die Bedeutungen.												
die pragmatische Dimension Modalität entdecken/ über Mehrdeutigkeit und Redewendungen nachdenken												
… nimmt Modalität/ Mehrdeutigkeit wahr.												
… beschreibt die wahrgenommene Modalität/ Mehrdeutigkeit.												
… reflektiert die wahrgenommene Modalität/ Mehrdeutigkeit.												
mit Sprache experimentell und spielerisch umgehen												
… spielt mit Sprache.												
… beschreibt die Sprachspielereien.												
… reflektiert die Sprachspielereien.												

Abb. 17: Beobachtungsbogen metasprachliche Fähigkeiten

KiDSS-orientierter Beobachtungbogen zu metakommunikativen Fähigkeiten – JAHRESÜBERSICHT

Name: ____________ Klasse: ___ SJ: _____	Sep	Okt	Nov	Dez	Jan	Feb	Mär	Apr	Mai	Jun	Jul	Beobachtungen
Beziehungen zwischen Absicht – sprachlichen Merkmalen – Wirkungen untersuchen												
…beschreibt nonverbale bzw. verbale sprachliche/ kommunikative Einheiten in eigenen Worten.												
…setzt Wirkungen von nonverbalen bzw. verbalen sprachlichen/ kommunikativen Einheit mit bestimmten Absichten in Beziehung.												
…kommentiert Beziehungen zwischen Absicht und Wirkung sprachlicher Merkmale.												
Unterschiede von gesprochener und geschriebener Sprache kennen												
…beschreibt Merkmale von Mündlichkeit und Schriftlichkeit.												
…arbeitet Unterschiede zwischen mündlichen und schriftlichen Äußerungen heraus.												
…beurteilt (eigene) Texte/ Gespräche bezogen auf situationsangemessene Sprachverwendung.												
Rollen von Sprecher/ Schreiber – Hörer/ Leser untersuchen und nutzen												
… beschreibt verschiedene Rollen von Sprecher/ Schreiber bzw. Hörer/ Leser.												
… arbeitet Unterschiede zwischen verschiedenen Rollen heraus.												
… nimmt Stellung zu verschiedenen Rollen.												
über Verstehens- und Verständigungsprobleme sprechen												
… beschreibt/skizziert ein Verständigungsproblem.												
… analysiert die Situation, die zum Verständigungsproblem führt.												
… nimmt Stellung zur Situation und entwirft Lösungswege.												

Abb. 18: Beobachtungsbogen metakommunikative Fähigkeiten

5.3.3.2 *KIDSS-orientierte Reflexion im Klassenverband*

Die Beobachtungsbögen der Lehrkraft werden durch Möglichkeiten zur Selbsteinschätzung seitens der Lernenden ergänzt, denn: Die entwicklungs- und sprachpsychologischen Erkenntnisse konnten zeigen, dass die Lehrkraft eine wichtige Rolle bei der Weiterentwicklung metasprachlicher und metakommunikativer Kompetenzen spielt – sowohl als Modell als auch durch die Strukturierung des Lernprozesses, indem beispielsweise geeignete Impulse vorgegeben werden. Im Rahmen der individuellen Selbsteinschätzung kann dies auf vielfältige Weise erfolgen. KIDSS integriert die folgenden Formen der Selbsteinschätzungen ritualisiert im Klassenverband:

- *Gewichte-Heben:* Die Schüler zeigen durch gestisches Gewichte-Heben den individuell empfundenen Schwierigkeitsgrad einer Aufgabe an. Möglich ist ebenso die klassische „Daumenabfrage".

- *Glühbirne:* Nach vorgegebenen Impulsen verbalisieren die Kinder im Plenum, was in dieser Stunde/ an diesem Tag Neues gelernt wurde.

- *Fragezeichen:* Die Heranwachsenden reflektieren ihren Lernstand sowie die weitere Entwicklung, indem sie noch offen gebliebene Fragen formulieren, die in der Folgestunde/ zuhause/ im Wochenplan etc. geklärt werden sollen.

5.3.3.3 *KIDSS-orientierte Lernevaluation im KIDSS-Buch*

Der individuelle Lernprozess wird neben gemeinsamen Reflexionen im Klassenverband und Beobachtungsnotizen der Lehrkraft ebenso im KIDSS-Buch transparent, das aus zusammengestellten Arbeitsergebnissen – etwa aus der KIDSS-Werkstatt besteht. Auf diese Weise wird die bisherige rein produktorientierte und auf Wissen ausgerichtete Lernevaluation im Kompetenzbereich *Sprache und Sprachgebrauch untersuchen* zugunsten einer Prozessorientierung überwunden. Um die Schüler in den Prozess einzubeziehen, befinden sich im KIDSS-Buch Formate zur Evaluation des eigenen Lernprozesses. Die folgenden Formate wurden aufgrund der unterschiedlichen Zugangsweisen für KIDSS gewählt:

- *Zielscheibe:* Die Kinder schätzen ihre eigenen Fähigkeiten ein, indem sie bestimmte im Unterricht geförderte Kompetenzen auf einer Zielscheibe bewerten. Im Rahmen von KIDSS ist die Zielscheibe Teil des KIDSS-Buches und kommt wiederholt zur Anwendung, um Lernfortschritte für die Schüler direkt sichtbar zu machen.
- *Lerntagebucheintrag:* In Form eines Lerntagebuchs erhalten die Heranwachsenden am Ende einer Unterrichtsstunde/ eines Schultages die Möglichkeit, den Lernprozess auf dem individuellen Niveau zu verbalisieren.
- *Selbsteinschätzungsbogen:* Auf einem vereinfachten Schülerbogen bewerten die Kinder ihre Kompetenzentwicklung durch die Vergabe einer entsprechenden Anzahl von Sternen (z.B. aufsteigend von einem bis drei Sterne).
- *Lernlandkarte:* Die Schüler bewerten ihre Kompetenzentwicklung durch das farbige Markieren von Sprechblasen auf einer Lernlandkarte (rot = nie, gelb = manchmal, grün = immer).

Da die Heranwachsenden für die Einschätzung konkrete Impulse zum jeweiligen Unterrichtsthema benötigen, kann keine allgemein gültige Vorlage für alle Bereiche genutzt werden. Deshalb werden sowohl die Zielscheibe als auch das Lerntagebuch und der Selbsteinschätzungsbogen im folgenden Kapitel beispielhaft für das Thema *Kindheit früher und heute* konkretisiert.

C Beispiele

Die KIDSS zugrunde liegende Vorgehensweise eines *Sprachintensiven Unterrichts* strukturiert das Schuljahr thematisch und plädiert für eine lernbereichs- und fächerintegrative Ausrichtung. Durch die inhaltlich verdichtete Vermittlung entfalten sich Potentiale für sprachreflexive Aufgaben. Die Basis bilden vorwiegend Themen des Sachunterrichts, die für die KIDSS-orientierten Lerninhalte genutzt werden. Im Folgenden wird dies beispielhaft erläutert, wobei zunächst Impulse für mögliche thematische Anknüpfungspunkte aufgezählt und kurz beschrieben werden (vgl. C1). Im Anschluss folgt eine Beispielsequenz zum Thema *Kindheit früher und heute* (vgl. C2).

1. Impulse für thematische Anknüpfungspunkte von KIDSS

Die folgende Tabelle gibt Impulse für mögliche thematische Anknüpfungspunkte von KIDSS orientiert an den Themen des Sachunterrichts. In dem Zuge werden neben einer kurzen Beschreibung sowohl die betreffenden Lernfelder der didaktischen Landkarte benannt als auch geschulte Kompetenzen, denkbare Lernwege sowie Möglichkeiten für die Lernevaluation aufgelistet. Aufgrund der kompetenzorientierten Ausrichtung sind die Beispiele für alle Jahrgangsstufen der Primarstufe denkbar.

1.1 Demokratie und Gesellschaft

Film:

PIPPI AUF SACHEN-SUCHE

(Hellbom 2007, Folge 3)

Beschreibung[7]:

Reflexion über Sprache bzw. Kommunikation:
Die Kinder analysieren Pippis unangemessenes und z.T. unhöfliches Verhalten beim Kaffeekränzchen mit feinen Damen, indem sie typische verbale und nonverbale Mittel erkennen und nennen sowie sich wechselseitig in Pippi und in die feinen Damen hineinversetzen. Darauf aufbauend formulieren sie Verbesserungsvorschläge für das Mädchen. Mittels einer Sprachnachricht werden die Tipps beispielsweise an Pippi überbracht. Zusätzlich sammeln die Heranwachsenden weitere Beispiele aus der Kinderliteratur bzw. -medien (z.B. Harry Potter, Band 1: Hermines unhöfliches Verhalten gegenüber den Mitschülern) und ihrem (Schul-)Alltag. Im Schuljahresverlauf werden die Erkenntnisse vertiefend wiederholt (z.B. durch das Bilderbuch „Herr Panda und das Bitte", vgl. Antony 2017).

Grammatisches Können (Satzzeichen):[8]
I: Imitieren einzelner Aussagen durch chorisches Sprechen und szenisches Nachspielen
II: Bilden von Analogien durch einen generativen Schreibanlass
III: Vergleich verschiedener Formulierungen bezogen auf funktionale Aspekte, Verfassen von Tipps an Pippi

Kompetenzen	Lernfelder der didaktischen Landkarte
• Beziehungen zwischen Absicht – sprachlichen Merkmalen – Wirkungen untersuchen • Rollen von Sprecher/ Schreiber – Hörer/ Leser untersuchen und nutzen • über Verstehens- und Verständigungsprobleme sprechen	SF/ GS/ T/ GR
	Lernwege
	Spiel-KIDSS, KIDSS-Werkstatt, KIDSS-Hüte
	Lernevaluation
	Zielscheibe

7 Zugunsten einer übersichtlichen Darstellung werden die Bereiche *Reflexion über Sprache und Kommunikation* sowie *Grammatisches Können* in der Tabelle getrennt aufgeführt. Die funktional-pragmatische Ausrichtung in der methodisch-didaktischen Umsetzung führt allerdings auf allen Anforderungsniveaus zu Überschneidungen der einzelnen Bereiche.

8 Je nach Klasse können ebenso andere grammatische Kategorien gewählt werden. Die vorliegenden dienen nur als Beispiele zur Verdeutlichung der Vorgehensweise von KIDSS.

Songtext:

ZUSAMMEN

(Fanta4 feat. Clueso)

Beschreibung:

Reflexion über Sprache bzw. Kommunikation:

Die Kinder reflektieren basierend auf dem Songtext „Zusammen“ (Fanta4 feat. Clueso), was ein gutes Zusammensein allgemein sowie in der Klassengemeinschaft ausmacht. In dem Rahmen analysieren sie u.a. Bedeutungen im Songtext (*Wir halten zusammen wie Pech und Schwefel./ Wir gehören zusammen wie Arsch auf Eimer./ Wir feiern heut' Zusammstag.* usw.) und entwickeln darauf aufbauend kreativ einen eigenen Song über die Zusammengehörigkeit der Klasse. Die Kinder reflektieren zudem über Form und Funktion der kreativen Wortschöpfung *Zusammstag*. Daran anknüpfend finden sie in anderen literarischen Texten ähnliche Beispiele (etwa bei Pumuckl den *Geburtstagstag*) und stellen Vergleiche zu bereits bekannten Komposita aus der Lebenswelt her.

Grammatisches Können (Futur I):

I: Sammeln und Imitieren von Wünschen für einen zukünftigen „Zusammstag“ mit der Klasse, Erstellen einer Liste und Üben mit dem Format Lese-KIDSS
II: Formulieren eigener Wünsche nach dem gleichen Muster für die Ideenliste
III: Finden der Gemeinsamkeiten der Satzstruktur (Verbalklammer) und Forscheraufgabe (z.B. in andere Zeitformen versetzen und Satzstruktur vergleichen)

<table>
<tr><th>Kompetenzen</th><th>Lernfelder der didaktischen Landkarte</th></tr>
<tr><td rowspan="5"><ul><li>Wörter sammeln und ordnen</li><li>Unterschiede von Varietäten, Umgangssprache und Standardsprache entdecken</li><li>über Mehrdeutigkeit und Redewendungen nachdenken</li><li>mit Sprache experimentell und spielerisch umgehen</li></ul></td><td>SSP/ SF/ T/ B/ GR</td></tr>
<tr><td>Lernwege</td></tr>
<tr><td>Lese-KIDSS, KIDSS-Runde, KIDSS-Werkstatt</td></tr>
<tr><td>Lernevaluation</td></tr>
<tr><td>Zielscheibe</td></tr>
</table>

Bilderbuch/ Bilderbuch-App:

Die große Wörterfabrik

(de Lestrade & Docampo 2012)

Beschreibung:

Reflexion über Sprache bzw. Kommunikation:
Die Kinder erarbeiten die besondere Funktion von Sprache und Kommunikation im Bilderbuch, indem sie über für sie persönlich wertvolle und wertlose Wörter reflektieren, eigene Wörtersammlungen anlegen sowie die Bedeutung der nonverbalen Mittel für ärmere Menschen erfassen. Am Beispiel der Protagonisten Paul und Oskar, die beide in das Mädchen Marie verliebt sind, reflektieren sie über die Beziehung zwischen Absicht und Wirkung sprachlicher Äußerungen und erkennen, warum sich Marie am Ende für Paul entscheidet.

Grammatisches Können (Wortfamilie):
Die Kinder gestalten z.B. eigene Marktstände in Orientierung an bestimmten Wortfamilien:
I: Sortieren vorgegebenen Wortmaterials nach verschiedenen Gemeinsamkeiten, Ausdenken geeigneter Sätze aus der Lebenswelt
II: Finden weiterer Beispiele, Kontrollieren durch Nachschlagen und Gestalten eigener Marktstände
III: Vergleichen verschiedener Marktstände und erstes Entdecken von grammatischen Strukturen über Gemeinsamkeiten (z.B. in Bezug auf Komposition oder Derivation)

<table>
<tr><th>Kompetenzen</th><th>Lernfelder der didaktischen Landkarte</th></tr>
<tr><td rowspan="5">• Wörter strukturieren und neue Wörter bilden
• Wörter sammeln und ordnen
• mit Sprache experimentell und spielerisch umgehen
• Beziehungen zwischen Absicht – sprachlichen Merkmalen – Wirkungen untersuchen
• Rollen von Sprecher/ Schreiber – Hörer/ Leser untersuchen und nutzen
• über Verstehens- und Verständigungsprobleme sprechen</td><td>SF/ GS/ T/ B/ GR</td></tr>
<tr><td>Lernwege</td></tr>
<tr><td>Lese-KIDSS, KIDSS-Werkstatt, KIDSS-Runde, KIDSS-Hüte</td></tr>
<tr><td>Lernevaluation</td></tr>
<tr><td>Zielscheibe</td></tr>
</table>

Bilder/ Filmausschnitte:

Nonverbale Kommunikation in verschiedenen Kulturen

Beschreibung:

Reflexion über Sprache bzw. Kommunikation:
Die Heranwachsenden vergleichen die Bedeutung nonverbaler Signale in verschiedenen Kulturen (z.B. unterschiedliche Kopfbewegungen für *Ja* bzw. *Nein* oder Begrüßungsrituale). Sie drehen arbeitsteilig in Gruppen kurze Videosequenzen zur Veranschaulichung. Mit den Ergebnissen augmentieren die Kinder einen Globus (z.B. mit *Metaverse*). Auf dieser Grundlage reflektieren sie über mögliche Verstehens- und Verständigungsprobleme verschiedener Kulturen und verfassen Tipps für einen Reiseführer.

Grammatisches Können (Höflichkeitsform):
Im Rahmen der Erstellung des Reiseführers:
I: Richtiges Zuordnen vorgegebener Tipps zur jeweiligen Kultur sowie Üben der Tipps im Rahmen von Lese-KIDSS
II: Eigenes Formulieren von Tipps in der Höflichkeitsform durch Analogiebildung
III: Reflexion und Transfer auf situationsangemessene Kommunikation je nach Gesprächspartner (z.B. Sammeln von Personengruppen)

<table>
<tr><th>Kompetenzen</th><th>Lernfelder der didaktischen Landkarte</th></tr>
<tr><td rowspan="5"><ul><li>Beziehungen zwischen Absicht – sprachlichen Merkmalen – Wirkungen untersuchen</li><li>Rollen von Sprecher/ Schreiber – Hörer/ Leser untersuchen und nutzen</li><li>Gemeinsamkeiten und Unterschiede von Deutsch – Muttersprachen der Kinder mit Migrationshintergrund/ Nachbarsprachen/ Fremdsprachen entdecken</li><li>über Verstehens- und Verständigungsprobleme sprechen</li></ul></td><td>SF/ GS/ T/ B/ GR</td></tr>
<tr><td>Lernwege</td></tr>
<tr><td>Lese-KIDSS, KIDSS-Werkstatt, KIDSS-Hüte</td></tr>
<tr><td>Lernevaluation</td></tr>
<tr><td>Zielscheibe</td></tr>
</table>

Film:

„Die Kinder von Bullerbü" vs. die „Wilden Kerle"

(Helbom 2010 bzw. Masannek 2004)

Beschreibung:

Reflexion über Sprache bzw. Kommunikation:
Die Kinder erarbeiten typisch jugendsprachliche Elemente an Filmausschnitten der „Wilden Kerle", die durch Beispiele aus dem Umfeld ergänzt und in einem Lexikon (z.B. mithilfe der App *Book-Creator*) festgehalten werden. Diachron stellen sie schließlich über einzelne Filmausschnitte Vergleiche zu den „Kindern von Bullerbü" her und interviewen in dem Zuge ihre Eltern und Großeltern, welche jugendsprachlichen Ausdrücke zu ihrer Zeit genutzt wurden. Schließlich sammeln die Lernenden aktuelle jugendsprachliche Ausdrücke der eigenen Klasse, die in das Lexikon integriert werden.

Grammatisches Können (Präteritum):
I: Imitieren und anschließend musterorientiertes Schreiben eigener Strophen zum Lied „Wisst ihr noch" der Wilden Kerle (*Wisst ihr noch, als wir in die Tiefe sprangen? Wisst ihr noch, als wir die Wilde Kerle-Hymne sangen?*)
II: Ausdenken eigener Strophen durch Bilden von Analogien (z.B. zum vergangenen Klassenausflug/ Schuljahr)
III: Vergleichen der Präteritalformen und Forscheraufgabe (*Finde weitere Beispiele* usw.)

<table>
<tr><th>Kompetenzen</th><th>Lernfelder der didaktischen Landkarte</th></tr>
<tr><td rowspan="6"><ul><li>Beziehungen zwischen Absicht – sprachlichen Merkmalen – Wirkungen untersuchen</li><li>Rollen von Sprecher/ Schreiber – Hörer/ Leser untersuchen und nutzen</li><li>über Verstehens- und Verständigungsprobleme sprechen</li><li>Unterschiede von Varietät, Umgangssprache und Standardsprache entdecken</li><li>Bedeutungsunterschiede im Rahmen des Sprachwandels entdecken</li></ul></td><td>SF/ GS/ B/ GR</td></tr>
<tr><td>Lernwege</td></tr>
<tr><td>KIDSS-Werkstatt,
KIDSS-Briefkasten</td></tr>
<tr><td>Lernevaluation</td></tr>
<tr><td>Selbsteinschätzungsbogen</td></tr>
</table>

Bilderbuch:

KATZENAUGEN-GRÜNE-TRAUBEN-BLITZER-GLITZER-GEISTERGRÜN

(Dückers & Gehrmann 2015)

Beschreibung:

Reflexion über Sprache bzw. Kommunikation:
Die Kinder legen nach der Rezeption des Bilderbuchs eine Farbsammlung an, in der sie zunächst Repräsentanten zu ihrer Lieblingsfarbe finden, die den Farbton beinhalten (z.B. *Tomaten*, *Feuerwehr*, *Mohnblumen* etc. für die Farbe Rot). Auf der Grundlage entwickeln sie spielerisch kreative Farbbezeichnungen, die etwa in einem Farbenbuch der Klasse festgehalten werden. Im Anschluss schreiben und gestalten die Schüler in Kleingruppen mithilfe der App *Comic Life 3* eine Parallelgeschichte, in der sie als Protagonist ihre Lieblingsfarbe erklären.

Grammatisches Können (Wortbildung):
I: Memory-Spiel mit dem Lese-KIDSS-Partner (Wort-Bild-Zuordnung)
II: Generatives Schreiben zu anderen Farben (*geistergrün*, *feuerwehrrot* usw.)
III: Reflexion und Vergleich der Komposita

Kompetenzen	Lernfelder der didaktischen Landkarte
• Wörter strukturieren und neue Wörter bilden • Wörter sammeln und ordnen • mit Sprache experimentell und spielerisch umgehen	SSP/ B/ T/ ST/ GR
	Lernwege
	Lese-KIDSS, KIDSS-Werkstatt, KIDSS-Runde
	Lernevaluation
	Zielscheibe

1.2 Raum und Mobilität

Film:

FINDET DORIE

(Stanton & MacLane 2017)

Beschreibung:

Reflexion über Sprache bzw. Kommunikation:
Die Schüler analysieren und reflektieren z.B. die Sprache der Seelöwen, die im oberbayerischen Dialekt sprechen. Dabei werden insbesondere lautliche sowie lexikalische Gemeinsamkeiten und Unterschiede zur Standardsprache herausgearbeitet. Nach einer Reflexion über die situationsangemessene Verwendung von Standardsprache und Dialekt erfolgt eine Übertragung auf den eigenen Dialekt (z.B. in Form eines Dialektforscher-Minibuchs). Im Rahmen der Erarbeitung der Bundesländer im Sachunterricht können weiterführend die verschiedenen Regionen für eine vereinfachte Dialektlandkarte (z.B. mithilfe der Applikation *Metaverse*) augmentiert werden. Hierbei wird arbeitsteilig vorgegangen, sodass jede Gruppe eine Region für die Analyse in der KIDSS-Werkstatt erhält. In dem Zuge erklären sie für Rezipienten der Landkarte an Beispielen (wie *Brötchen*) Unterschiede zwischen Varietät und Standardsprache.

Grammatisches Können (z.B. Akkusativ):
Basierend auf der Szene, in der Nemo und sein Vater auf die Seelöwen treffen und nach dem Verbleib von Dorie fragen:
I: Imitieren des Dialogs von Rudder und Fluke in der Standardsprache (*Hey ihr zwei! Seid bitte leise! Ihr habt meinen Lieblingstraum unterbrochen* usw.)
II: Bilden von Analogien durch musterorientiertes Sprechen oder Schreiben in anderen Film- und Literaturkontexten (z.B. *Was würde Schneewittchen sagen?*)
III: Ausdenken eigener Dialoge und begründetes Anpassen der Wortwahl an die Person

<table>
<tr><th>Kompetenzen</th><th>Lernfelder der didaktischen Landkarte</th></tr>
<tr><td rowspan="5"><ul><li>Wörter sammeln und ordnen</li><li>Unterschiede von Varietät, Umgangssprache und Standardsprache entdecken</li><li>mit Sprache experimentell und spielerisch umgehen</li><li>über Verstehens- und Verständigungsprobleme sprechen</li></ul></td><td>GS/ T/ B/ GR</td></tr>
<tr><td>Lernwege</td></tr>
<tr><td>Spiel-KIDSS, KIDSS-Werkstatt</td></tr>
<tr><td>Lernevaluation</td></tr>
<tr><td>Zielscheibe</td></tr>
</table>

Kinderlied im Dialekt:

„Biddschebaddschebeedä"

(Boxgalopp 2018)

Beschreibung:

Reflexion über Sprache bzw. Kommunikation:
Die Kinder vergleichen den fränkischen Dialekt mit der Standardsprache, indem sie in Mundart aufgenommene Kinderlieder der Band *Boxgalopp* ins Hochdeutsche übersetzen. Sie recherchieren im häuslichen Umfeld nach weiteren Kinderreimen, die sie in der Klasse vortragen sowie in einem gemeinsamen Buch zusammen mit der hochdeutschen Fassung festhalten.

Grammatisches Können (Diminutiv):
I: Rezipieren von Kinderreimen oder -liedern, die Diminutivformen enthalten
II: Recherchieren weiterer Beispiele in sämtlichen Textsorten (z.B. Lieder wie *Alle meine Entchen*; Märchen wie *Schneewittchen* oder *Der kleine Däumling*), generatives Schreiben eigener Reime
III: Vergleichen und Sortieren der gefundenen Diminutivformen, Reflexion von Besonderheiten (wie z.B. der endungslose Plural der Formen auf *-lein* und *-chen*) sowie der Funktion

Kompetenzen	Lernfelder der didaktischen Landkarte
• Wörter sammeln und ordnen • Unterschiede von Varietät, Umgangssprache und Standardsprache entdecken • Bedeutungsunterschiede im Rahmen des Sprachwandels entdecken • mit Sprache experimentell und spielerisch umgehen • über Verstehens- und Verständigungsprobleme sprechen	GS/ T/ B/ GR **Lernwege** KIDSS-Werkstatt **Lernevaluation** Zielscheibe

Film:

Drachenzähmen leicht gemacht

(Deblois & Sanders 2010)

Beschreibung:

Reflexion über Sprache bzw. Kommunikation:
Die Kinder vergleichen die zur Kommunikation mit den Drachen verwendeten sprachlichen Mittel des Protagonisten *Hicks* mit denen der anderen Wikinger. Sie entdecken Unterschiede und begründen damit die unterschiedlichen Reaktionen der Drachen auf die Wikinger (*Vertrauen und Annäherung bei Hicks* vs. *Misstrauen und Kampf bei den anderen Wikingern*). Darauf aufbauend verfassen sie den Drachenratgeber „Drachenzähmen leicht gemacht" aus Sicht von Hicks, in dem sie Tipps für einen angemessenen Umgang mit den Drachen festhalten.

Grammatisches Können (Passiv):
I: Rezipieren einer Gebrauchsanleitung eines Drachen aus dem Drachenratgeber, die im Passiv verfasst ist
II: Übertragen des Musters und Verfassen einer Anleitung für einen weiteren Drachen
III: Vergleich mit den bereits bekannten Formulierungen und Reflexion über die Funktion des Passivs

<table>
<tr><th>Kompetenzen</th><th>Lernfelder der didaktischen Landkarte</th></tr>
<tr><td rowspan="5">• Beziehungen zwischen Absicht – sprachlichen Merkmalen – Wirkungen untersuchen
• Rollen von Sprecher/ Schreiber – Hörer/ Leser untersuchen und nutzen
• über Verstehens- und Verständigungsprobleme sprechen</td><td>SF/ GS/ B/ GR</td></tr>
<tr><td>Lernwege</td></tr>
<tr><td>Lese-KIDSS, KIDSS-Werkstatt, KIDSS-Hüte</td></tr>
<tr><td>Lernevaluation</td></tr>
<tr><td>Zielscheibe</td></tr>
</table>

1.3 Natur und Umwelt

Bilderbuch:

WAZN TEEZ

(Ellis 2017)

Beschreibung:

Reflexion über Sprache bzw. Kommunikation:
Die Kinder finden nach der Rezeption des Bilderbuchs Übersetzungen für die Insektensprache und gehen selbst experimentell und spielerisch mit Sprache um, indem sie eine eigene Bilderbuchseite gestalten. Darüber hinaus besteht die Möglichkeit, ein Parallel-Bilderbuch zu einem anderen Tierreich zu verfassen.

Grammatisches Können (z.B. Akkusativ):
I: Zuordnen standardsprachlicher Übersetzungen in Sprechblasen und imitierendes Einüben mit dem Lese-KIDSS-Partner (z.B. zur Übersetzung *Miwi betta an Sprossel – Wir brauchen eine Leiter* usw.)
II: Eigenes Übersetzen von Sprechblasen und strukturbezogenes Begründen der Lösung, Bilden von Analogien
III: Ausdenken eines eigenen Fantasiedialogs zur Struktur *Wir brauchen…*

<table>
<tr><th>Kompetenzen</th><th>Lernfelder der didaktischen Landkarte</th></tr>
<tr><td rowspan="5"><ul><li>Wörter strukturieren und neue Wörter bilden</li><li>Wörter sammeln und ordnen</li><li>mit Sprache experimentell und spielerisch umgehen</li></ul></td><td>SSP/ SF/ GS/ T/ ST/ B/ GR</td></tr>
<tr><td>Lernwege</td></tr>
<tr><td>Lese-KIDSS, KIDSS-Runde</td></tr>
<tr><td>Lernevaluation</td></tr>
<tr><td>Selbsteinschätzungsbogen</td></tr>
</table>

Redewendung:

ZWEI KINDER WIE HUND' UND KATZE

Beschreibung:

Reflexion über Sprache bzw. Kommunikation:
Die Kinder gehen der Redewendung wie *Hund und Katze sein* auf die Spur. Dabei erarbeiten sie zunächst die gegensätzlichen Mittel zur Kommunikation der beiden Tierarten (z.B. *Schwanz wedeln als Freude bzw. Zeichen für den Angriff*). In Orientierung an einer didaktisch reduzierten Form des Vier-Seiten-Modells von Schulz von Thun übertragen die Schüler das Modell auf ihre eigene Lebenswelt und finden Beispiele für kommunikative Missverständnisse sowie Lösungswege. Die Erkenntnis übertragen sie schließlich auf die Redewendung „wie Hund und Katze sein" und reflektieren abschließend über Erfahrungen aus ihrer eigenen Umwelt. Ferner sammeln die Heranwachsenden weitere tierische Redewendungen, deren Bedeutung sie in Gruppen klären (z.B. *Katz' und Maus spielen, den Vogel abschießen* usw.)

Grammatisches Können (Superlativ):
I: Reproduktives Sprechen im Rahmen eines szenischen Spiels zum Thema „Das beste Haustier" und Imitation der Superlativ-Struktur (Lese-KIDSS und Spiel-KIDSS)
II: Erweitern mit eigenen Argumenten und bilden von Analogien zur vorgegebenen Struktur
III: Reflexion über Form und Funktion des Superlativs, Vergleich mit Wirkung Komparativ

<table>
<tr><th>Kompetenzen</th><th>Lernfelder der didaktischen Landkarte</th></tr>
<tr><td rowspan="5"><ul><li>Beziehungen zwischen Absicht – sprachlichen Merkmalen – Wirkungen untersuchen</li><li>Rollen von Sprecher/ Schreiber – Hörer/ Leser untersuchen und nutzen</li><li>über Verstehens- und Verständigungsprobleme sprechen</li></ul></td><td>SSP/ SF/ GS/ ST/ B/ GR</td></tr>
<tr><td>Lernwege</td></tr>
<tr><td>Lese-KIDSS, Spiel-KIDSS, KIDSS-Werkstatt, KIDSS-Hüte</td></tr>
<tr><td>Lernevaluation</td></tr>
<tr><td>Zielscheibe</td></tr>
</table>

1.4 Zeit und Wandel

Gesprächs-/ Textbeispiele:

Mit Freunden kommunizieren

Beschreibung:

Reflexion über Sprache bzw. Kommunikation:
Über einen Forscherbogen erfassen die Kinder Möglichkeiten zur Kommunikation mit Freunden früher und heute, die kontrastiv in einer KIDSS-Runde diskutiert werden. Sie erkennen, dass etwa Urgroßeltern aufgrund der begrenzten medialen Möglichkeiten anders mit ihren Freunden in Verbindung traten als ihre Eltern sowie v.a. die Kinder selbst. Danach reflektieren die Lernenden insbesondere Unterschiede zwischen schriftlichen (SMS, Postkarte, Brief) und mündlichen (Telefonat, Sprachnachricht) Kommunikationsformen. Nach einer Analyse in der KIDSS-Konferenz hinsichtlich typischer Merkmale finden sie situationsangemessene Verwendungsmöglichkeiten und stellen einen Transfer auf andere Domänen und Personengruppen her.

Grammatisches Können (Komparativ):
I: Lesen einer Stellungnahme für das Versenden von Postkarten anstelle von SMS aus dem Urlaub (Lese-KIDSS)
II: Eigenes Vergleichen der verschiedenen Kommunikationsmöglichkeiten und Positionieren durch das analoge Formulieren von Begründungen
III: Sortieren und Reflektieren des Wortmaterials sowie situationsangemessene Auswahl des Kommunikationsmittels, Transfer auf andere Kontexte

<table>
<tr><th>Kompetenzen</th><th>Lernfelder der didaktischen Landkarte</th></tr>
<tr><td rowspan="5"><ul><li>Unterschiede von Varietäten, Umgangssprache und Standardsprache entdecken</li><li>Beziehungen zwischen Absicht – sprachlichen Merkmalen – Wirkungen untersuchen</li><li>Unterschiede von gesprochener und geschriebener Sprache kennen</li><li>Rollen von Sprecher/ Schreiber – Hörer/ Leser untersuchen und nutzen</li><li>über Verstehens- und Verständigungsprobleme sprechen</li></ul></td><td>GS/ T/ ST/ SF/ B/ GR</td></tr>
<tr><td>Lernwege</td></tr>
<tr><td>Lese-KIDSS, KIDSS-Werkstatt, KIDSS-Runde</td></tr>
<tr><td>Lernevaluation</td></tr>
<tr><td>Zielscheibe</td></tr>
</table>

Rapsong:

Hausaufgaben

(Deine Freunde 2016)

Beschreibung:

Reflexion über Sprache bzw. Kommunikation:
Die Kinder reflektieren die veränderte familiäre Kommunikationsstruktur im Hinblick auf die Hausaufgabensituation, indem sie auf Grundlage des Raps *Hausaufgaben* der Band *Deine Freunde* sowie Befragungen der eigenen Großeltern sprachliche Muster dieser typischen Alltagssituation vergleichen.

Grammatisches Können:
I: Imitieren einzelner Aussagen durch chorisches Sprechen und szenisches Nachspielen
II: Bilden von Analogien durch einen generativen Schreibanlass
III: Vergleich verschiedener Formulierungen bezogen auf funktionale Aspekte, Formulieren von Tipps für die eigene Eltern-Kind-Kommunikation

<table>
<tr><th>Kompetenzen</th><th>Lernfelder der didaktischen Landkarte</th></tr>
<tr><td rowspan="6"><ul><li>Unterschiede von Varietäten, Umgangssprache und Standardsprache entdecken</li><li>Beziehungen zwischen Absicht – sprachlichen Merkmalen – Wirkungen untersuchen</li><li>Rollen von Sprecher/ Schreiber – Hörer/ Leser untersuchen und nutzen</li><li>mit Sprache experimentell und spielerisch umgehen</li></ul></td><td>GS/ T/ SSP/ SF/ B/ GR</td></tr>
<tr><td>Lernwege</td></tr>
<tr><td>Spiel-KIDSS, KIDSS-Werkstatt, KIDSS-Hüte</td></tr>
<tr><td>Lernevaluation</td></tr>
<tr><td>Lernlandkarte</td></tr>
</table>

Gedicht:

Urlaubsfahrt

(Halbey 1975)

Beschreibung:

Reflexion über Sprache bzw. Kommunikation:
Die Kinder erarbeiten das Gedicht hinsichtlich Inhalt, Form und Sprache sowie die sich aus dem Zusammenspiel ergebende Wirkung. Gemeinsam mit der Lehrkraft legen sie Wortspeicher mit typischen Wörtern einer Urlaubsfahrt der Vergangenheit (je nachdem, wie weit die Kinder in der Zeit zurückreisen z.B. *Kutsche*, *Bahnhof* usw.) und Zukunft (z.B. *Flugautos*) an. In dem Zuge erfolgt eine Reflexion darüber, welche Wörter gleich bleiben (wie die Überschrift *Urlaubsfahrt*, *koffer*, *kindertragen*, *mama* usw.). Schließlich verfassen die Kinder ein Parallelgedicht.

Grammatisches Können (Akkusativ):
I: Spielen des Reihum-Spiels „Koffer packen"
II: Packen eines Koffers mit dem Partner und generatives Sprechen zu den Verben *mitnehmen* und *einpacken*
III: Reflexion über Flexion

Kompetenzen	Lernfelder der didaktischen Landkarte
• Wörter sammeln und ordnen • Beziehungen zwischen Absicht – sprachlichen Merkmalen – Wirkungen untersuchen • Bedeutungsunterschiede im Rahmen des Sprachwandels entdecken • Rollen von Sprecher/ Schreiber – Hörer/ Leser untersuchen und nutzen • mit Sprache experimentell und spielerisch umgehen	SSP/ SF/ T/ ST/ GR **Lernwege** KIDSS-Werkstatt **Lernevaluation** Selbsteinschätzungsbogen, KIDSS-Buch

Film:

Cinderella – (sprachliche) Inszenierung von Märchenfiguren früher und heute

(Geronimi, Jackson & Luske 1950 bzw. Branagh 2015)

Beschreibung:

Reflexion über Sprache bzw. Kommunikation:
Nach der Rezeption des klassischen Märchens setzen sich die Kinder mit der Inszenierung einzelner Figuren in der älteren Walt-Disney-Trickfilmvariante sowie der aktuellen Realverfilmung auseinander. Dies geschieht sowohl zu verbalen als auch nonverbalen Merkmalen. Dabei wird arbeitsteilig in Gruppen vorgegangen. Begründet entscheiden sie sich schließlich, welche Umsetzung ihrer Meinung nach dem jeweiligen Charakter der Figur besser gerecht wird.

Grammatisches Können (Präteritum):
I: Rezipieren eines Märchens (Lese-KIDSS) und Imitieren der grammatischen Struktur
II: Generatives Schreiben eines Parallelmärchens und Bilden von Analogien
III: Reflexion von Form und Funktion des Präteritums in Märchentexten

<table>
<tr><th>Kompetenzen</th><th>Lernfelder der didaktischen Landkarte</th></tr>
<tr><td rowspan="6"><ul><li>Bedeutungsunterschiede im Rahmen des Sprachwandels entdecken</li><li>Beziehungen zwischen Absicht – sprachlichen Merkmalen – Wirkungen untersuchen</li><li>Rollen von Sprecher/ Schreiber – Hörer/ Leser untersuchen und nutzen</li></ul></td><td>SF/ GS/ T/ ST/ B/ GR</td></tr>
<tr><td>Lernwege</td></tr>
<tr><td>Lese-KIDSS, KIDSS-Hüte, KIDSS-Konferenz</td></tr>
<tr><td>Lernevaluation</td></tr>
<tr><td>Lerntagebuch</td></tr>
</table>

Film/ Bildmaterial:

Lehrer-Schüler-Kommunikation früher und heute

Beschreibung:

Reflexion über Sprache bzw. Kommunikation:
Die Kinder erkennen die veränderte Kommunikationsstruktur zwischen Lehrkraft und Schüler, indem sie einen Filmausschnitt zum Schulunterricht früher ansehen und sich über ein Rollenspiel sowohl in die Lehrperson als auch die Lernenden früher hineinversetzen. Auf dieser Basis stellen sie Vergleiche zur heutigen Zeit an. Vertiefend besteht die Möglichkeit, mit den Heranwachsenden eine Grammatikstunde früher nach der traditionellen Vorgehensweise durchzuspielen. Vertiefend können die Kinder aus Schulbüchern aus der Zeit ihrer Großeltern Beispiele zum Grammatikunterricht früher suchen.[9]

Grammatisches Können (Genitiv):
I: Rezipieren eines Lesebuchtextes der Großeltern mit dem Lese-KIDSS-Partner
II: Bilden von Analogien im Rahmen eines generativen Schreibanlasses
III: Reflexion zu Form und Wirkung, Vergleich mit der gängigeren Dativformulierung im Sprachgebrauch der Kinder

<table>
<tr><th>Kompetenzen</th><th>Lernfelder der didaktischen Landkarte</th></tr>
<tr><td rowspan="5"><ul><li>Bedeutungsunterschiede im Rahmen des Sprachwandels entdecken</li><li>Beziehungen zwischen Absicht – sprachlichen Merkmalen – Wirkungen untersuchen</li><li>Rollen von Sprecher/ Schreiber – Hörer/ Leser untersuchen und nutzen</li></ul></td><td>T/ ST/ B/ SF/ GS/ GR</td></tr>
<tr><td>Lernwege</td></tr>
<tr><td>Lese-KIDSS, KIDSS-Hüte, KIDSS-Werkstatt</td></tr>
<tr><td>Lernevaluation</td></tr>
<tr><td>Zielscheibe</td></tr>
</table>

[9] Diverse Onlinehändler verkaufen entsprechende Exemplare bereits ab einem Euro.

2. Kindheit früher und heute

Alte Fotos, Schiefertafeln und Federkiele, Rollenspiele in Schulmuseen oder alte Spiele und Bücher – das Vergegenwärtigen vergangener Zeiten übt auf Kinder eine große Faszination aus und führt nicht selten dazu, dass mit Feuereifer eigene Großeltern befragt werden oder der Dachboden zuhause auf der Suche nach alten Fundstücken auf den Kopf gestellt wird.[10] Dies zeigen auch Forscherfragen[11] an die Zeit der Urgroßeltern, die Schüler im Rahmen des Sachunterrichts formulierten:

> Wie haben die Menschen früher gelebt? Welche Kleidung mussten sie tragen? Was haben die Menschen gespielt? Welche Stifte hatten die Kinder? Wie lange mussten sie in die Schule gehen? Welche Strafen gab es? usw.

Nicht nur deshalb bietet die historische Perspektive einen beträchtlichen Reiz und ist fester Bestandteil im Sachunterricht der Primarstufe. KIDSS knüpft an dieses Potential an, um weiterführend durch einen *Sprachintensiven Unterricht* eine Kompetenzerweiterung im Bereich *Sprache und Sprachgebrauch untersuchen* zu ermöglichen. Wie das gelingen kann, wird im Folgenden näher erläutert. Nach der Beschreibung der Einbettung in einen fächerintegrativen Unterricht (vgl. C2.1) zeigt eine Sequenz mit Fokus auf die Domäne *Familie* auf, welche Umsetzungsmöglichkeiten KIDSS für die Förderung des individuellen grammatischen Könnens sowie metasprachlicher und metakommunikativer Fähigkeiten eröffnet (vgl. C2.2).

2.1 Einbettung in einen fächerintegrativen und sprachintensiven Unterricht

Kindheit früher und heute bietet vielfältige fächerintegrative Potentiale. Das Thema kann im Sachunterricht zu verschiedenen Domänen der kindlichen Lebenswelt (*Familie, Freizeit, Schule, Medien, Kultur*) umgesetzt werden. Im Rahmen der Domäne *Medien* erstellen die Kinder beispielsweise mithilfe der Legetrick-Technik ein Erklärvideo zur medialen Entwicklung seit der Kindheit der Urgroßeltern (vgl. Abb. 19, *MovieMaker*). In dem Zuge reflektieren die Schüler zunächst über den Wandel kommunikativer Möglichkeiten, den sie gemeinsam mit den Geburtsdaten der Urgroßeltern, Großeltern und Eltern sowie ihrem eigenen auf einem Zeitstrahl festhalten. Dies bildet die Basis für ein grundlegendes Verständnis damaliger Lebensumstände und ist eine wichtige Voraussetzung für die gewählten Aufgabenformate im Kompetenzbereich *Sprache und Sprachgebrauch untersuchen* (vgl. Kapitel C2.2).

Bezogen auf den *schulischen* Kontext lernen die Kinder u.a. den schulischen Alltag kennen. Der Besuch eines Schulmuseums als außerschulischer Lernort trägt dazu bei, dass sich die Heranwachsenden besser in die vergangene Zeit hineinversetzen. Alte Gegenstände wie z.B. eine Schiefertafel, Schulbücher oder -hefte sind als historische Sachquellen neben Zeitzeugen eine wichtige Ressource. Zusätzlich kann Filmmaterial

---

10 Verfügen die Kinder nicht über solche Erfahrungen, kann beispielsweise eine Einbettung in das Bilderbuch „Die Geschichtenmaschine" (McLaughlin 2015) erfolgen. Der Protagonist Elliott findet auf dem Dachboden eine alte Schreibmaschine und wird mit deren Hilfe zum Geschichtenerzähler. Die Schreibmaschine wird als Gegenstand aufgegriffen, um ebenso über die Entwicklung der Schreibgeräte sowie deren jeweilige Vor- und Nachteile zu reflektieren (vgl. weiterführend Luptowicz 2016).

11 Die Forscherfragen stammen aus dem eigenen Unterricht in einer 3. Klasse.

zur Veranschaulichung herangezogen werden, um etwa strikte Schulregeln und Strafen sowie deren Folgen begreifbar zu machen.[12] Ferner erfahren die Kinder den Wandel der Schreibgeräte, indem sie selbst Gänsefedern zu Schreibfedern verarbeiten (→ Deutsch: *Lesen und Verfassen von Anleitungen*) sowie diverse Schreibgeräte und Materialien (wie Schiefertafel, Federhalter usw.) ausprobieren. Zusätzlich interviewen die Schüler Zeitzeugen aus ihrer eigenen Familie (→ Deutsch: *Sprechen und Zuhören*). So wird beispielhaft die Situation der Einschulung über bis zu vier Generationen hinweg verglichen (*Uroma, Oma, Mama, Kind* bzw. *Uropa, Opa, Papa, Kind*). Die Vergleiche geben wiederum Anreize zur Ausweitung des Themas auf andere Domänen wie etwa *Familie* und *Freizeit*. Beim *familiären* Kontext vergleichen die Kinder Wohnsituationen, typische Tagesabläufe, Urlaube, Familienformen oder Kinderbücher (→ Mathematik: *Daten erfassen, Erstellen von Diagrammen*).

Abb. 19: Ausschnitte aus dem Erklärvideo

Im Sportunterricht wird das Thema fortgesetzt, indem die Kinder Spiele von früher selbst erproben und mit heutigen Spielformen vergleichen. Zusätzlich denken sich die Lernenden mit einfachen Alltagsmaterialien eigene Spielformen aus. Für den Kunstunterricht besteht nun die Möglichkeit, mit der Klasse (und ggf. der Parallelklasse) Wimmelbild-Fotografien zum Thema Kinderspiele früher bzw. heute zu erstellen. Zusätzlich wird der aktuelle Trend des *Handlettering* aufgegriffen und die Umsetzung mit den hergestellten Gänsefedern sowie den Federkielen erprobt. Parallel werden im Musikunterricht Kinderlieder von früher einstudiert.[13]

---

12 Eine beispielhafte Schulstunde ist unter https://www.youtube.com/watch?v=JNG k6 fDZ5ro abrufbar (Letzter Stand: 15.01.2019).

13 Im Internet finden sich bereits zahlreiche Tutorials für Kinder, die in dem Kontext aufgegriffen werden können, z.B. unter https://www.tollabea.de/waescheklammer-kalligrafie-fuer-eine-schoenere-handschrift/ (Letzter Stand: 15.01.2019).

2.1.1 Umsetzung des Kompetenzbereichs „Sprache und Sprachgebrauch untersuchen“ am Beispiel der Domäne *Familie*

Eine Umsetzungsmöglichkeit für den Kompetenzbereich *Sprache und Sprachgebrauch untersuchen* wird am Beispiel der Domäne *Familie* gezeigt. Wenngleich diese Domäne den Ausgangspunkt darstellt, finden dennoch Transfers statt. Für eine Veranschaulichung der Vorgehensweise von KIDSS wurde die Eltern-Kind-Kommunikation im Kontext der *Erziehung* gewählt. Dabei handelt es sich um einen authentischen lebensweltlichen Reflexionsanlass – denn Sätze wie *Räum doch endlich mal dein Zimmer auf!* oder *Wir bleiben sitzen, bis alle aufgegessen haben! Du bist doch schon groß!* dürften der Mehrzahl der Schüler nur zu gut aus dem familiären Alltag bekannt sein. Eingebettet in einen sprachintensiven Unterricht, der die Kindheit früher und heute vergleicht, bietet die (veränderte) familiäre Kommunikationsstruktur zwischen Eltern und Kindern authentisches Reflexionspotential für KIDSS. Kennen die Eltern und v.a. Großeltern oftmals eher einen autoritativen Erziehungsstil, werden heute Grenzen vielfältig ausdiskutiert und die Heranwachsenden begegnen ihren Eltern häufig auf Augenhöhe. In der Forschung findet sich der Begriff „Verhandlungsfamilie“ (vgl. Müller 2018). Um Vergleiche anzustoßen, wurde innerhalb der Sequenz medial eine sehr überspitzte Darstellung von Erziehungsstilen ausgewählt, die die Kinder allerdings sukzessive durch Befragungen in der eigenen Familie anreichern und (z.T.) relativieren. Kontrastierend dienen als Klassiker für die Kindererziehung früher das Bilderbuch „Der Struwwelpeter“ (Hoffmann 1845), als Beispiele aus der heutigen Zeit der Rap Song „Hausaufgaben“ (Deine Freunde) sowie das Bilderbuch „Eltern richtig erziehen“ (Grossmann-Hensel 2016).[14] Die Unterrichtssequenz setzt sich aus vier Bausteinen zusammen, die allerdings ebenso über das Schuljahr verteilt werden können (vgl. Tabelle 4).

UE	Thema	Lernfelder
1-3	Bilderbücher als Erziehungsmittel zur Zeit der Großeltern	T, G, SF, B, GR
4-5	Hausaufgaben – Ein Rapsong als Anlass zur Reflexion über familiäre Kommunikation in einer typischen Alltagssituation	T, G, SF, B, GR
6-7	„Verkehrte Welt"-Bilderbuch als Anlass zur Reflexion des familiären Kommunikationsverhaltens heute	T, G, SF, GR
8-10	Auswerten der Forscherbögen sowie des KIDSS-Briefkastens und Erstellen von KIDSS-Lexika	ST, G, SF, B, GR
zusätzlich: Erweiterung des individuellen grammatischen Könnens durch die Formate Lese-KIDSS und Spiel-KIDSS		

Tab. 4: Sequenzüberblick

[14] Im Rahmen des sprachintensiven Unterrichts kann ebenso die Vielfalt heutiger Familienformen besprochen werden. Hier bieten beispielsweise die Bilderbücher „Alles Familie!“ (Maxeiner & Kuhl 2013) bzw. „Wer hat schon eine normale Familie?“ (Nowell & Alexander 2017) Gesprächsanlässe.

Inwiefern während der Sequenz neben der Erweiterung metasprachlicher und metakommunikativer Fähigkeiten eine Förderung des individuellen grammatischen Könnens stattfindet, wird beispielhaft in jeder der Unterrichtseinheiten angeführt. Sequenzübergreifend zeigt darüber hinaus abschließend ein von den gewählten Themen unabhängiges Beispiel, wie aus einem sprachintensiven Unterricht weitere ritualisierte Anlässe konstruiert werden können, um über *Häufigkeiten im Input* einen Lerneffekt zu erreichen. Eine Anpassung an die jeweilige Lerngruppe ist vorzunehmen.

2.1.1 Bilderbücher als Erziehungsmittel zur Zeit der Ur-Großeltern

Im Rahmen des Sachunterrichts beschäftigten sich die Schüler u.a. mit dem Thema *Kinderbücher früher und heute*. Der Kinderbuchklassiker „Struwwelpeter" wurde dabei von einem Mädchen in den Unterricht mitgebracht und als Anlass aufgegriffen, um mit den Schülern über die erzieherische Funktion von Bilderbüchern zu reflektieren. Der Arzt Dr. Heinrich Hoffmann verfasste das Kinderbuch Ende des 19. Jahrhunderts als Weihnachtsgeschenk für seinen Sohn und als Konsequenz auf die Tatsache, dass keines der potentiellen Kinderbücher geeignet schien:

> „Gegen Weihnachten des Jahres 1844, als mein ältester Sohn drei Jahre alt war, ging ich in die Stadt, um demselben zum Festgeschenke ein Bilderbuch zu kaufen, wie es der Fassungskraft des kleinen menschlichen Wesens in solchem Alter entsprechend schien. Aber was fand ich? Lange Erzählungen oder alberne Bildersammlungen, moralische Geschichten, die mit ermahnenden Vorschriften begannen und schlossen, wie: ‚Das brave Kind muß wahrhaft sein«; oder: »Brave Kinder müssen sich reinlich halten‘ etc." (Hoffmann 1845, 29)

Das Buch beinhaltet verschiedene Geschichten, die für einen eher autoritativen Erziehungsstil mit belehrendem Charakter stehen und die mit anschaulichen Bildern illustriert sind. Sie verdeutlichen für die Heranwachsenden drastische Folgen auf unerwünschtes Verhalten (wie z.B. *Auslachen anderer Kinder* oder *Quälen von Tieren*) von schweren Verletzungen bis hin zum Tod. Dahinter stand die Überzeugung, dass abstrakte Verbote wie *Du sollst nicht lügen!* noch nicht erfasst werden können und deshalb nichts bewirken. Vielmehr wurden unartige Kinder an den Pranger gestellt (vgl. Abb. 20). Auf diese Weise soll erreicht werden, dass das angesprochene Verhalten von vorneherein unterlassen wird: „Das Buch soll ja märchenhafte, grausige, übertriebene Vorstellungen hervorrufen!" (Hoffmann 1845, 30f.) Lange Zeit wurde der Struwwelpeter daher als Paradebeispiel des autoritativen Erziehungsstils gehandelt. Die vorliegende Unterrichtseinheit von KIDSS greift „Die Geschichte von den schwarzen Buben" heraus. Sie handelt von drei Jungen, die einen „Mohr" auslachen und als Konsequenz darauf vom „großen Nikolas" in ein schwarzes Tintenfass getaucht wurden:

> „Du siehst sie hier, wie schwarz sie sind,
>
> Viel schwärzer als das Mohrenkind!
>
> Der Mohr voraus im Sonnenschein,
>
> Die Tintenbuben hintendrein;
>
> Und hätten sie nicht so gelacht,
>
> Hätt' Niklas sie nicht schwarz gemacht."
>
> (Hoffmann 1845, 15)

Abb. 20: Der Struwwelpeter (Hoffmann 1845)

Das Werk bildet im Folgenden als erster Baustein der Unterrichtssequenz die Grundlage für eine Reflexion über die Eltern-Kind-Kommunikation im Kontext der Erziehung *früher*. Die weiteren Ausführungen konkretisieren eine mögliche Vorgehensweise.

Lernziele bzw. Kompetenzniveaus

Das vorgestellte Unterrichtsvorhaben schult vornehmlich eine *Reflexion über Kommunikation*. Indem die Schüler am Struwwelpeter-Beispiel „Die Geschichte von den schwarzen Buben" (Hoffmann 1845, 12) die erzieherische Funktion des Bilderbuchs erarbeiten, untersuchen sie in dem Zuge *Beziehungen zwischen Absicht – sprachlichen Merkmalen – Wirkungen*. Je nach individuellem Niveau …

- beschreiben die Kinder eine nonverbale bzw. verbale sprachliche/ kommunikative Einheit in eigenen Worten.

- setzen sie Wirkungen von nonverbalen bzw. verbalen sprachlichen/ kommunikativen Einheiten mit bestimmten Absichten in Beziehung.
- kommentieren die Heranwachsenden Beziehungen zwischen Absicht und Wirkung sprachlicher Merkmale.

Darüber hinaus untersuchen und nutzen die Schüler verschiedene Rollen von Sprecher/ Schreiber – Hörer/ Leser, indem sie…

- die verschiedenen Rollen beschreiben.
- Unterschiede zwischen verschiedenen Rollen herausarbeiten.
- Stellung zu verschiedenen Rollen nehmen.

Bezogen auf den Grammatikerwerb erweitern die Kinder ihre Fähigkeiten im Bilden des Präteritums bei starken Verben. Je nach individuellem Niveau…

- imitieren sie die Formen durch das Einüben mit ihrem Lese-KIDSS-Partner.
- bilden sie im Rahmen eines generativen Schreibanlasses Analogien.
- beschreiben und vergleichen sie die starke und schwache Flexion und recherchieren nach weiteren Beispielen.

Sequenzübergreifend wird (z.B. mithilfe der App *Book Creator*) ein KIDSS-Lexikon für „alte" Wörter und ihre Bedeutung angelegt, was auf eine *Reflexion über Sprache*, im Speziellen die Bedeutung in einer *diachronen* Perspektive abzielt. Gerade Begriffe wie „Mohr" werden in dem Zuge gemeinsam problematisiert und diskutiert. Die Kinder…

- beschreiben sprachliche Bedeutungen.
- vergleichen sprachliche Bedeutungen bezogen auf Gemeinsamkeiten und Unterschiede.
- diskutieren über mögliche Ursachen von Bedeutungsunterschieden.

Lernwege

Für die Umsetzung im Unterricht sind – je nach Klassensituation – mehrere Vorgehensweisen denkbar. Die nachfolgenden Erläuterungen stellen eine Möglichkeit dar:

Einstimmung und Situationsdarstellung

Um die Kinder zunächst in die Zeit des Bilderbuchs „Struwwelpeter" zu versetzen, nimmt die Lehrkraft eine geführte Zeitreise am Zeitstrahl der Klasse vor – ca. bis zu dem Zeitpunkt, als deren Urgroßeltern geboren wurden. Eine geeignete musikalische Untermalung kann die Zeitreise unterstützen. Am Ende der Reise steht ein Bildimpuls (vgl. KV 1) aus „Die Geschichte von den schwarzen Buben" (Hoffmann 1945, 12), der im Sinne der Gucklockmethode nur die drei lachenden Jungen zeigt. Die Heranwachsenden dürfen sich zunächst frei äußern. Wenn die Kinder erkannt haben, dass die drei Buben *lachen/ auf jemanden deuten/ sich lustig machen*, wird die gesamte Seite aufgedeckt und der Text mit dem Lese-KIDSS-Partner rezipiert[15] und sprechgestalterisch im Plenum imitiert. Die Lehrkraft klärt unbekannte Wörter wie etwa *Mohr*[16] und gibt den Lernenden die Gelegenheit, diese in ihr KIDSS-Buch einzutragen (KV 2).[17] Im Anschluss erfolgt die Darstellung und Analyse der Situation mithilfe der Methode *KIDSS-Hüte*, um Absicht und Wirkung verbaler und nonverbaler Einheiten zu reflektieren.

Analyse der Situation mit den Methoden KIDSS-Hüte und KIDSS-Runde

In einem Rollenspiel stellen die Kinder die Situation des Auslachens in Gruppen durch den Einsatz nonverbaler und verbaler Mittel nach (KV 3). Als zusätzliche Hilfestellung können Bildkarten dienen, in denen verschiedene Gefühlslagen dargestellt werden und die von den Schülern imitiert und bezogen auf die vorgegebene Situation aussortiert werden können. Im Anschluss findet die Präsentation einer sich freiwillig meldenden Gruppe im Plenum statt und die dargestellte Situation wird im Rahmen der Methode *KIDSS-Hüte* analysiert. Im Sinne der Impulsfragen erhalten die Schüler passend zu den Hüten Farbkarten, um die Situation aus verschiedenen Perspektiven zu beleuchten:

- *Weiß:* Beschreibe neutral[18], was passiert ist. Benenne verbale/ nonverbale Elemente.
- *Rot:* Beschreibe, wie sich die drei *Jungen* fühlen und wie sich der „Mohr" fühlt.
- *Schwarz:* Beschreibe neutral, was dir an der Situation negativ auffällt.
- *Gelb:* Beschreibe neutral, was dir an der Situation positiv auffällt.
- *Grün:* Überlege dir einen Lösungsvorschlag.

Schüler mit der gleichen Farbe treffen sich anschließend für eine *KIDSS-Runde*, um ihre Erkenntnisse auszutauschen und sich auf eine Beschreibung/ einen Lösungsvorschlag zu einigen. Eine heterogene Gruppenzusammensetzung führt dazu, dass sprachschwache Kinder metakommunikative Modelle von sprachstarken erhalten. Während schwächere Lernende etwa im Rahmen des *schwarzen Huts* die Situation auf dem individuellen Sprachstand beschreiben, erfassen leistungsstärkere Absichten hinter den nonverbalen und verbalen Signalen und setzen diese in Beziehung zueinander. Im Plenum werden die Erkenntnisse schließlich gesammelt. Gerade im Rahmen der Lösungsvorschläge ist zu erwarten, dass die Heranwachsenden aus ihrer eigenen Lebenswelt schöpfen und Sprachhandlungen wie *sich entschuldigen* oder *wiedergutmachen*, aber auch mögliche

---

15 Sprachstärkere Kinder erhalten als Differenzierung den Auftrag, kreative eigene Sätze mit den vorgegebenen Präteritalformen zu bilden und aufzuschreiben.

16 Gerade im Kontext der aktuellen Rassissmus-Debatte sollten meiner Ansicht nach Bezeichnungen wie „Mohr" nicht aus dem Unterricht verbannt, sondern vielmehr bereits mit Grundschulkindern kritisch beleuchtet und diskutiert werden.

17 Im Rahmen des Wochenplans haben die Lernenden die Aufgabe, im Rahmen eines generativen Schreibanlasses Analogien zu bilden, indem sie eigene kreative Sätze zu den starken Präteritalformen finden. Schüler, die dies bereits während des Differenzierungsauftrags erledigt haben, finden Gemeinsamkeiten und Unterschiede sowie weitere Beispiele.

18 Die Methode *KIDSS-Hüte* sollte bereits bekannt sein, denn bei den ersten Durchführungen sind verstärkt metasprachliche und metakommunikative Modelle und unterstützende Impulse seitens der Lehrkraft erforderlich, um die Kinder beispielsweise sukzessive dazu hinzuführen, was es heißt, etwas „neutral" zu beschreiben.

Konsequenzen nennen. Von den Schülern genannte Modelle der entsprechenden Sprachhandlungen werden in einer Mindmap zur Konsequenz auf Fehlverhalten *heute* gesammelt, die nach verbalen und nonverbalen Mittel (z.B. *sich in die Augen schauen, die Hand reichen* etc.) gegliedert ist.

Auflösen der Situation

Die Lehrkraft löst im anschließenden Tafelkino die Situation im Bilderbuch auf. Die Konsequenz auf das unerwünschte Verhalten stellt mit der ausschließlichen Bestrafung durch den *großen Nikolas* einen starken Kontrast zur vorher erarbeiteten kindlichen Erfahrungswelt dar (vgl. Hoffmann 1845, 13f.). Dies kann als Tafelbild kontrastierend zu den Vorschlägen der Kinder visualisiert werden, indem als Konsequenz auf das Fehlverhalten *früher* die Sprechblasen auf Seiten der Kinder durchgestrichen sind. In einer Blitzlichtrunde nennen die Heranwachsenden Möglichkeiten, wie sie persönlich die Geschichte ausgehen lassen würden, um (kleinen) Kindern beizubringen, wie man sich in dieser Situation richtig verhält. Vertiefend kann eine *KIDSS-Runde* zur Reflexion über die Entwicklung der Gefühlslage des „Mohren" im Bilderbuch sowie über die Veränderung durch die Umsetzung der Vorschläge der Schüler (*Entschuldigung* und *Wiedergutmachung führen dazu, dass das Kind sich besser fühlt* usw.) stattfinden. Von Seiten der Lehrkraft sind an dieser Stelle zusätzliche Erläuterungen nötig, um eine Pauschalisierung zu verhindern. Wichtig ist, dass die Lernenden erfassen, dass Bilderbücher wie „Der Struwwelpeter" lediglich *ein* Erziehungsmittel darstellten. Unterstützt wird der reflexive Umgang durch einen Forscherauftrag als Hausaufgabe (KV 4). Die Heranwachsenden interviewen dabei die eigenen Eltern/ Großeltern/ Urgroßeltern. Deren Erfahrungen aus der Kindheit werden mit den bisherigen Erkenntnissen aus dem Unterricht vergleichen.

Transfer auf andere Lernbereiche und Zur-Verfügung-Stellen von Handlungsmodellen in einem eigenen Bilderbuch für zukünftige Erstklässler

Um einen Transfer auf weitere lebensweltliche Situationen zu schaffen, erhalten die Schüler ähnliche Konfliktsituationen mit der Aufgabe, einen „Stop Motion"-Film (z.B. für die zukünftigen Erstklässler) zu gestalten. Die App *Stop Motion Studio* (CATEATER, LLC o.J.) ist in Kombination mit vorgegebenem Figurenmaterial (z.B. Legofiguren) hierfür eine geeignete Anwendung für schnelle und ansprechende Ergebnisse. Die Lehrkraft kann die einzelnen Produkte zu einem gemeinsamen Film der Klasse zusammenfügen, den die Kinder als Erinnerungsstück mit nach Hause nehmen.

Darüber hinaus werden durch das Format *KIDSS-Tipp* während der Sequenz kurze Alltagsbeispiele reflektiert (vgl. KV 5), die metakommunikative Modelle vorgeben sowie ein situationsangemessenes kommunikatives Verhalten anbahnen.

LERNEVALUATION

Die Lernevaluation ist zweigeteilt: Zum einen wählt sich die Lehrkraft zwei bis drei Lernende aus, die sie gezielt bezogen auf metakommunikative Aussagen sowohl in kooperativen Lernphasen als auch in Reflexionsrunden im Plenum beobachtet. Die Wahrnehmungen werden im schuljahresübergreifenden Beobachtungsbogen vermerkt (vgl. Abb. 16-18). Zum anderen erfolgt eine Selbsteinschätzung auf einer Lernlandkarte (vgl. KV 6). Um eine Entwicklung sichtbar zu machen, wird der Bogen im KIDSS-Buch abgeheftet.

KV 1 (Hoffmann 1845)

Die Geschichte von den schwarzen Buben

Es ging spazieren vor dem Tor
Ein kohlpechrabenschwarzer Mohr.
Die Sonne schien ihm aufs Gehirn,
Da nahm er seinen Sonnenschirm.
Da kam der LUDWIG hergerannt
Und trug sein Fähnchen in der Hand.
Der KASPAR kam mit schnellem Schritt
Und brachte seine Bretzel mit;
Und auch der WILHELM war nicht steif
Und brachte seinen runden Reif.
Die schrie'n und lachten alle drei,
Als dort das Mohrchen ging vorbei,
Weil es so schwarz wie Tinte sei!

KV 2:

KV 3:

Rollenspiel „Die drei Buben und der Mohr"

Aufgabe: Spiele die Situation mit dem Mohr und den drei Jungen nach.

1. Verteile in deiner Gruppe die Rollen.
2. Überlege dir eine passende Körperhaltung für deine Rolle. Probiere die Wirkung vor deiner Gruppe aus.
3. Denke dir aus, was die drei Jungen miteinander sprechen könnten.
4. Spiele die Szene vor.

KV 4:

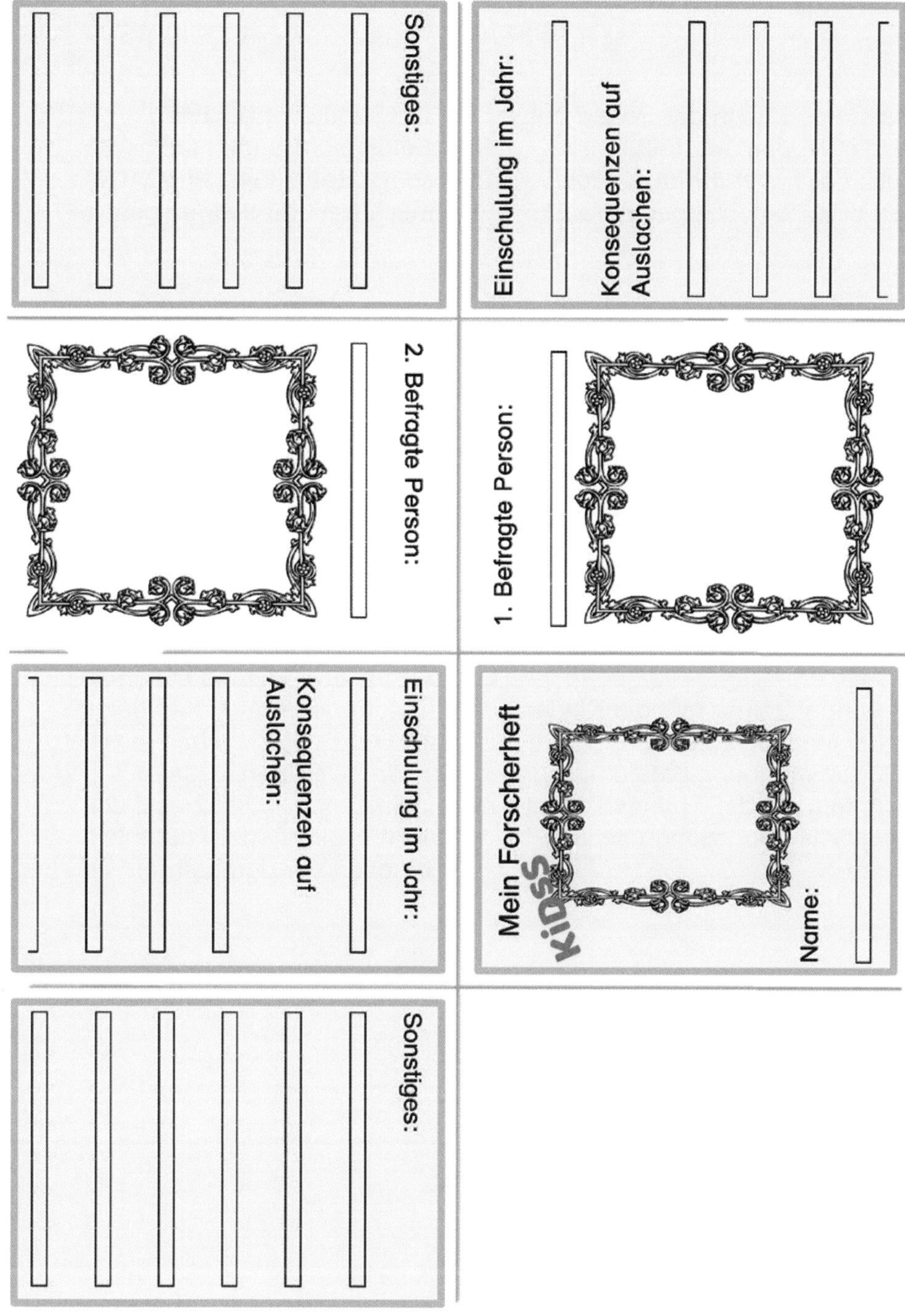
Sonstiges:
Einschulung im Jahr:
Konsequenzen auf Auslachen:
2. Befragte Person:
1. Befragte Person:
Einschulung im Jahr:
Konsequenzen auf Auslachen:
Mein Forscherheft
KiDsS
Name:
Sonstiges:

KV 5:

KiDSS Tina stolpert nach der Pause auf der Treppe und fällt hin. Luis, der hinter ihr läuft, lacht: „Zu blöd zum Treppenlaufen!“	KiDSS Lara soll sich bei Lena entschuldigen. Sie geht zu ihr hin und sagt: „Entschuldigung. Aber eigentlich hast du angefangen!“
KiDSS Moritz stellt Michael im Klassenzimmer ein Bein. Die Lehrerin stellt Moritz zur Rede. Michael lacht schadenfroh.	KiDSS Nina, Max und Tim treffen sich am Nachmittag zum Spielen. Nach einem Streit flüstern Nina und Max nur noch miteinander. Tim sitzt daneben und schaut traurig auf den Boden.
KiDSS Der Fußballtrainer teilt die Kinder in zwei Mannschaften ein. „Nein, DER kommt aber nicht zu uns!“, ruft Anton, als der Trainer Toni in die gleiche Mannschaft schickt.	KiDSS Laura, Sophie und Jana sollen zu dritt in Mathe eine Aufgabe lösen. Laura und Sophie drehen sich von Jana weg und lassen sie nicht mitmachen. „Die checkt das eh nicht!“, begründet Laura ihr Verhalten vor dem Lehrer.

KV 6:

KiDSS

Umrande die Sprechblasen:
grün: immer
gelb: manchmal
rot: nie

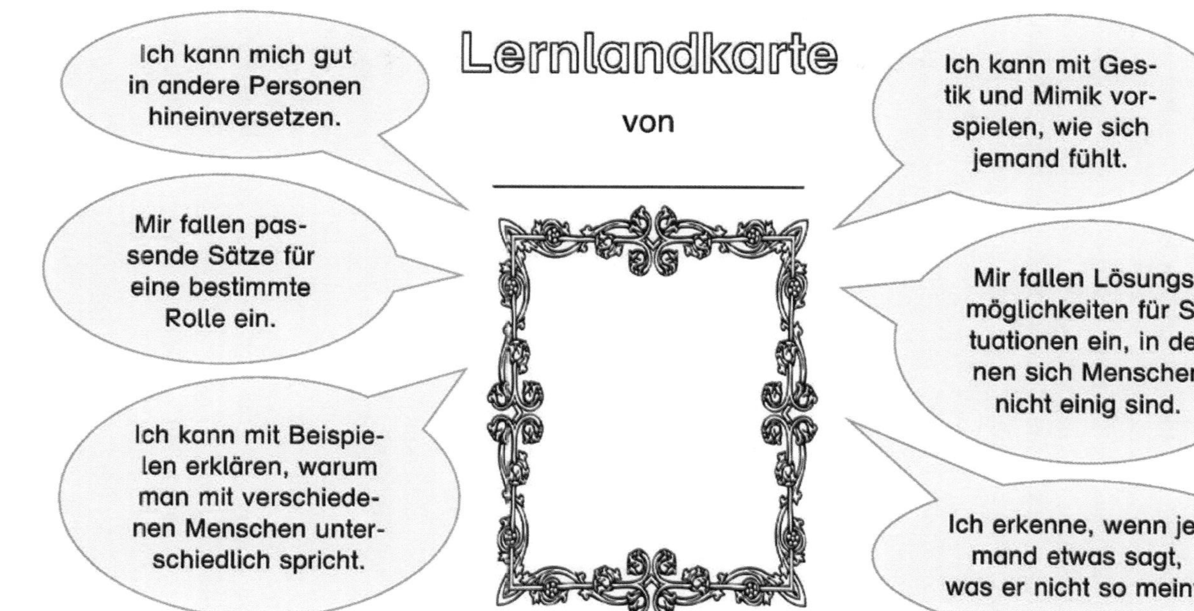

2.2.2 Hausaufgaben – Ein Rap als Anlass zur Reflexion über familiäre Kommunikation in einer typischen Alltagssituation

Die Band „Deine Freunde" zeichnet sich durch die Wahl authentischer Themen für ihre Songs aus. Sie will Kinder im Schulalter abholen, ihnen „auf Augenhöhe begegnen" (www.deinefreunde.info). Es finden sich neben Texten aus dem familiären Alltag ebenso schul- oder freizeitbezogene Themen. Der Rap „Hausaufgaben" (Deine Freunde 2015, vgl. KV 7) stellt aus der Domäne *Familie* ein solches lebensweltliches Beispiel dar, das allen Schülern von zuhause bekannt sein dürfte. Die überspitzte Darstellung zeigt eine Elternteil-Kind-Kommunikation, in der von beiden Seiten als *typisch* zu bezeichnende Floskeln fallen. So nutzt der Elternteil in den Strophen 1 und 2 verschiedene sprachliche Strategien, um das Kind dazu zu bringen, die Hausaufgaben zu machen (*So kommst du mir nicht davon mein Freund!/ Hast du wieder nur geträumt?/ So haben wir nicht gewettet!/ Du setzt dich jetzt hier hin! Mach jetzt!* usw.), die schließlich in einem der gängigen hilflosen Kompromisse – *Eine Hälfte jetzt, die andere Hälfte später!* – münden. Auf der anderen Seite werden vom Heranwachsenden Ausreden präsentiert, warum die Hausaufgaben nicht gemacht werden konnten (z.B. *Ihr wisst ja, normalerweise ist auf mich immer Verlass, aber vorhin gab es Regen und mein Ranzen wurde nass!*). Auf Grundlage des Textes reflektieren die Schüler gemeinsam ebenso Kommunikationsstrukturen ihrer eige-nen Hausaufgabensituation. Die weiteren Ausführungen zeigen eine mögliche Vorgehensweise im Unterricht.

Lernziele bzw. Kompetenzniveaus

Das vorliegende Unterrichtsvorhaben fokussiert vornehmlich die Reflexion über Kommunikation. Zum einen untersuchen die Kinder *Beziehungen zwischen Absicht – sprachlichen Merkmalen – Wirkungen* auf ihrem individuellen Niveau:

- Sie beschreiben eine nonverbale bzw. verbale sprachliche/ kommunikative Einheit in eigenen Worten.
- Sie setzen Wirkungen von nonverbalen bzw. verbalen sprachlichen/ kommunikativen Einheiten mit bestimmten Absichten in Beziehung.
- Sie kommentieren Beziehungen zwischen Absicht und Wirkung sprachlicher Merkmale.

Darüber hinaus schlüpfen die Lernenden in der vorliegenden Eltern-Kind-Kommunikation nicht nur in die Rolle des Kindes, sondern auch in die des Elternteils. Auf diese Weise wird der Bereich *Rollen von Sprecher/ Schreiber – Hörer/ Leser untersuchen und nutzen* auf dem individuellen Niveau geschult:

- Sie beschreiben verschiedene Rollen von Sprecher/ Schreiber bzw. Hörer/ Leser.
- Sie arbeiten Unterschiede zwischen verschiedenen Rollen heraus.
- Sie nehmen Stellung zu verschiedenen Rollen.

Im Hinblick auf den Grammatikerwerb erweitern die Kinder ihre Fähigkeiten zur Kasusmarkierung. Je nach individuellem Niveau…

- imitieren sie die Formen durch das Einüben mit ihrem Lese-KIDSS-Partner.
- bilden sie im Rahmen eines generativen Schreibanlasses Analogien bezogen auf die umgekehrte Kommunikationssituation.
- beschreiben und vergleichen sie die Markierung in Abhängigkeit des Genus und recherchieren nach weiteren Beispielen.

Zudem bietet es sich an, umgangssprachliche Wendungen des Rap-Songs im Bereich *Unterschiede von Varietäten und Standardsprache entdecken* für das KIDSS-Lexikon zu sammeln:

- Die Kinder beschreiben sprachliche Bedeutungen.
- Sie vergleichen sprachliche Bedeutungen bezogen auf Gemeinsamkeiten und Unterschiede.
- Sie diskutieren über mögliche Ursachen von Bedeutungsunterschieden.

Indem die Schüler im Rahmen des Kompetenzbereichs *Schreiben* eigene Strophen nach dem vorgegebenen Muster verfassen, *gehen* sie ebenso auf ihrem individuellen Niveau *mit Sprache experimentell und spielerisch um*:

- Die Kinder spielen mit Sprache.
- Sie beschreiben die Sprachspielereien.
- Sie reflektieren die Sprachspielereien.

LERNWEGE

Die Vorgehensweise bei der Umsetzung im Unterricht wird nachfolgend erläutert.

Einstimmung und Situationsdarstellung:

Vor der Präsentation des Liedtextes werden die Heranwachsenden mithilfe einer Fantasiereise gedanklich aus der Schule heraus in die individuelle Hausaufgabensituation geführt. Nach einem kurzen Verweilen spielt die Lehrkraft den Rap ab. An die Tafel wird vorbereitend ein Bildimpuls angebracht, der die Kommunikationssituation Elternteil-Kind zeigt. Nach dem Lied werden die Lernenden aufgefordert ihre Augen zu öffnen und sich zum Lied zu äußern. Einzelne Kommunikationsstrukturen des Textes werden bei Nennung durch die Schüler mittels Sprechblasen an der Tafel festgehalten. Ferner beschreiben die Heranwachsenden die Gefühlslagen der Kommunikationspartner (*genervt, streng* usw.), die mit geeigneten Smileys an der Tafel dargestellt werden. In einer kurzen Murmelrunde mit dem Partner tauschen sie sich über die individuelle Hausaufgabensitua-tion zuhause aus und berichten im Plenum von ihren Erfahrungen. Hierbei finden erste Vergleiche kommunikativer Strukturen statt (z.B. *Meine Mama sagt auch immer: Setz dich jetzt hin!*).

Analyse der Situation mit der Methode KIDSS-Werkstatt:

Mithilfe der Methode *KIDSS-Werkstatt* erarbeiten die Schüler schließlich kooperativ zentrale Aspekte der Kommunikationsstruktur des Rap-Textes:

- *Analysieren*: Die Klasse teilt sich auf. Während die eine Hälfte kommunikative Strategien des Elternteils herausarbeitet, widmet sich die andere denen des Hausaufgaben machenden Kindes. Aus dem Rap-Text werden die entsprechenden sprachlichen Elemente ausgeschnitten und auf einem Plakat aufgeklebt. Sprachliche Elemente, die die Schüler von ihren eigenen Eltern oder von sich kennen, werden farbig markiert. Darüber hinaus erhalten die Heranwachsenden weitere Reflexionsaufgaben, die aus einem Glas gezogen werden (vgl. KV 8)[19] und zur Eröffnung metakommunikativer Sequenzen dienen.
- *Zwischenpräsentation:* Die Kinder stellen die Ergebnisse innerhalb der Klasse vor. Eine Kategorisierung wird dabei nicht vorgenommen. Die Schüler schätzen auf einem Kontinuum basierend auf ihrem Eindruck von den sprachlichen Mitteln die Stimmungslage von Elternteil und Kind ein und vermuten, warum die Formulierungen so gewählt wurden (z.B. *Vermute, wie oft der Vater oder die Mutter das Kind bereits ermahnt hat. Begründe deine Vermutung.)*. Die Ergebnisse werden als Tafelbild festgehalten.[20]
- *Gestalten:* In einem Rollenspiel werden die neuen Erkenntnisse aufgegriffen und genutzt (KV 9+10). Mithilfe einer Checkliste geben zwei Beobachter Tipps für die Umsetzung (vgl. KV 11). Als Hilfestellung dient das Tafelbild der Zwischenpräsentation, da bei Bedarf die Aussagen der Elternteile bzw. des Kindes von dort übernommen werden können.
- *Präsentation*: Die Schüler führen ihre Rollenspiele in der Klasse vor.
- *Transfer* (Plenum): In der Klasse werden mündlich weitere Situationen des kindlichen Alltags mit einer ähnlichen Struktur gesammelt. Insbesondere das Zimmeraufräumen dürfte in diesem Kontext genannt werden. Die Kinder verfassen im Rahmen eines generativen Schreibanlasses eigene Rap-Texte als Parallelversionen des Ausgangstextes. Hierfür wird die Struktur „So kommst du mir nicht davon, ______! Hast du _____ schon _____?“ aufgegriffen und kreativ auf andere Personen und Sachverhalte angewandt. Schwächere Kinder sowie Lernende mit Deutsch als Zweitsprache erhalten von der Lehrkraft Wortkärtchen mit Beispielen, die eingesetzt werden können und bereits die korrekte Kasusmarkierung (bzw. Verbflexion bezogen auf die letzte Lücke) aufweisen. Die fertigen Rap Texte dürfen freiwillige Kinder in der Klasse vortragen und ggf. auch vorspielen.

---

19 Hinweis: Wird der Rap-Text nicht vorab mit dem LeseKIDSS-Partner geübt, ist eine Reduktion dringend nötig, um die Kinder mit der Textmenge nicht zu überfordern.

20 Weiterführend wird im Rahmen des sprachintensiven Unterrichts das grammatische Können (im Sinne einer Erweiterung der Sprachhandlungskompetenz) bezogen auf den Sprechakt *Auffordern* erweitert, indem die Schüler genauer betrachten, welche sprachlichen Mittel in einer Situation dazu führen können, dass eine bestimmte Absicht eintritt. Dabei nennen die Heranwachsenden ebenso zentrale nonverbale Signale.

- *Abschluss*: Mithilfe einer Zielscheibe (vgl. KV 12) erfolgt eine Reflexion über den Ablauf der KIDSS-Werkstatt sowie die Zusammenarbeit in der Gruppe. Hierfür werden in der Gruppe je Kind unterschiedlich farbige Klebepunkte genutzt. Gemeinsam setzen sich die Gruppenmitglieder ein Ziel für das nächste Mal und stellen dieses im Plenum vor. Es bietet sich an, die Zielscheibe zu laminieren, um durch eine wiederholte Anwendung eine Entwicklung ablesen zu können.

Perspektivwechsel und Erarbeiten von Lösungsmöglichkeiten

Vorbereitend für die Erarbeitung von Lösungsmöglichkeiten wird nun ein Perspektivwechsel vorgenommen. In der Rolle der Eltern überlegen sich die Lernenden in einem Murmelgespräch, warum diese überhaupt wollen, dass Hausaufgaben gemacht werden/ zügig gemacht werden sollen usw. Im Rahmen des fächerübergreifenden Bildungsziels *Lernen lernen* erarbeiten die Schüler in einer KIDSS-Runde abschließend mithilfe des Placemat Möglichkeiten, die angespannte Hausaufgabensituation zu umgehen. Diese können neben Tipps für die Kommunikation mit den Eltern auch Lernstrategien enthalten.

Daneben werden ritualisiert im Format *KIDSS-Tipp* weitere alltägliche Kommunikationssituationen für metakommunikative Sequenzen im Plenum aufgegriffen (vgl. KV 13). Vor allem eine situationsangemessene Sprachverwendung wird durch das wiederholte Aufgreifen lebensnaher Fallbeispiele angebahnt. Eine Erweiterung der grammatischen Fähigkeiten kann beispielsweise durch einen musterorientierten Schreibanlass erfolgen, bei dem die Kinder die Aufgabe erhalten, einzelne Verse kreativ auf einen anderen Kontext musterorientiert zu übertragen (z.B. das grammatische Muster im Vers *Hast du deine Hausaufgaben schon gemacht?* auf das Haustier, den Vater, die Lehrerin, den Trainer etc.).

LERNEVALUATION

Die Lernevaluation ist auch in diesem Baustein zweigeteilt: Zum einen wählt sich die Lehrkraft wiederum zwei bis drei Heranwachsende aus, die sie gezielt bezogen auf metakommunikative Aussagen sowohl in kooperativen Lernphasen als auch in Reflexionsrunden im Plenum beobachtet. Die Wahrnehmungen werden im schuljahresübergreifenden Beobachtungsbogen vermerkt (vgl. Abb. 16-18). Weitere Anhaltspunkte bieten die Checkliste zum Rollenspiel (vgl. KV 11) sowie die Zielscheibe zur Durchführung der *KIDSS-Werkstatt* (vgl. KV 12). Die Schriftprodukte aus dem generativen Schreibanlass zum Verfassen einer eigenen Rap-Strophe geben Auskunft über die Fähigkeit zum Bilden von Analogien. Erkenntnisse notiert die Lehrkraft ebenso auf dem Bogen zum grammatischen Können (vgl. Abb. 16).

KV 7 (auf DIN A3 vergrößern)

KV 7 (Vergrößern auf A3)

Hausaufgaben

(Deine Freunde 2015)

So kommst du mir nicht davon, mein Freund!
Hast du deine Hausaufgaben schon gemacht?
Oder hast du wieder nur davon geträumt?
Du kannst nicht immer machen, was dir passt!
So haben wir nicht gewettet!
Du setzt dich jetzt hier hin!
Dann wird geschrieben, gelesen, und auch gerechnet,
bis wir fertig sind!

Komm, mach' sie eben, denn du hast im Leben
nicht immer eine Wahl!
Und wenn du morgen früh immer noch hier sitzt,
das ist mir ganz egal!
Jetzt hol' deine Stifte aus der Kiste raus, pass auf
dass du nicht so schaust, wie bist du drauf?
Denn du hasst es – mir egal! Mach's jetzt!"

Ich stell' sie so gut ich kann, ganz weit hinten an.
Mach' später irgendwann: Hausaufgaben!
Ich lass die Zeit vergehen – bye bye, auf Wiedersehn.
Hab' nachher ein Problem: Hausaufgaben!

Hausaufgaben! Hausaufgaben!

Schieb' schieb'! Schieb' die Hausaufgaben weg!
Schieb' schieb'! Schieb' sie noch ein kleines Stück!
Schieb' schieb'! Später hast du leider Pech,
denn dann kommen sie zu dir zurück!

Bomm digge digge bomm digge baa!
Die Hausaufgaben sind schon wieder da!
Und ich wollte sie ja machen,
aber komm' nicht mehr klar!
Ja ja!

OK, war ein Witz, das Ganze war so:
Oh, bitte bitte glaub' mir, ich mach' keine Show!
Hab' die Hosen hochgezogen
und dann lagen sie im Klo!
Oh oh!

Wieder nicht geglaubt – okay, wie wär' das:
Ihr wisst ja, normalerweise ist auf mich immer Verlass,
aber vorhin gab es Regen
und mein Ranzen wurde nass!
Ach!

Check' mein Angebot, sag' nun, geht klar?
Die Hälfte jetzt, die andere Hälfte später!
Fischigalli fischigalli fischigalli feta.
Ah, wie bitte?

Ich stell' sie, so gut ich kann, ganz weit hinten an.
Mach' später irgendwann: Hausaufgaben!
Ich lass die Zeit vergehen, bye bye, auf Wiedersehn!
Hab' nachher ein Problem: Hausaufgaben!

Mathe, Bio, Deutsch, Englisch, Chemie, Kunst, Physik,
Ethik, Erdkunde, Religion, Wirtschaft.

Hausaufgaben! Hausaufgaben!
Hausaufgaben! Hausaufgaben!

KV 8

KiDSS Welcher der Sätze würde dich dazu bringen, mit den Hausaufgaben zu beginnen? Begründe.
KiDSS Du gehst nach der Schule zu deinem Freund und freust dich darauf, nach den Hausaufgaben zusammen zu spielen. Dein Freund hat aber keine Lust auf die Hausaufgaben und trödelt. Du bist schon lange fertig und wartest. Überlege, was du zu ihm sagen könntest, damit er sich beeilt und ihr bald spielen könnt.
KiDSS Hast du auch schon einmal eine Ausrede erfunden, warum du keine Hausaufgaben machen konntest? Erzähle in deiner Gruppe davon.
KiDSS Erfindet in der Gruppe wie im Text Ausreden, warum du keine Hausaufgaben machen kannst. Überlegt gemeinsam, ob eure Eltern die Ausreden glauben würden.
KiDSS Welche Lieblingssätze kennst du von deinen Eltern, wenn du keine Lust hast, Hausaufgaben zu machen? Schreibe die Sätze auf.

KV 9

KiDSS

Rollenspiel „Hausaufgaben“

Stell dir vor, du sitzt in deinem Zimmer am Schreibtisch und musst Hausaufgaben machen. Du hast keine Lust und willst lieber spielen. Deine Mama oder dein Papa kommen mehrmals in dein Zimmer, um dich anzutreiben. Anfangs ist die Stimmung noch fröhlich. Mit der Zeit wird er oder sie aber immer ungeduldiger mit dir.

Aufgabe: Spiele mit deiner Gruppe die Hausaufgaben-Situation nach.

1. Teilt die Rollen ein:
   Kind 1: Mama oder Papa
   Kind 2: Kind
   Kind 3 und 4: Beobachter
2. Besprecht gemeinsam das Drehbuch. Füllt die Vorlage aus.
   Tipp: Du darfst auch die Sätze verwenden, die du bereits in der KIDSS-Werkstatt gesammelt hast!
3. Probt euren Auftritt. Die Beobachter-Kinder können mit der Checkliste wichtige Tipps geben!
4. Spielt euren Auftritt in der Klasse vor!

KV 10

KiDsS

Drehbuch von: ______________________________

Szene	Was passiert?	Was sagt das Kind?	Was sagt Mama/ Papa?
1	• Kind sitzt am Schreibtisch • Hefte liegen aufgeschlagen da • Kind schaut in die Luft		
2			
3			
4			
5			

KV 11

KiDSS

Checkliste

für das Rollenspiel „Hausaufgaben“

von: ____________________ für: ________________________

Aufgabe:

Bewerte das Rollenspiel. Du kannst bis zu drei Sterne vergeben.

1	Ich habe deine Gefühle an der Mimik und Gestik erkannt.	☆☆☆
2	Du hast passende Sätze verwendet.	☆☆☆
3	Die Lautstärke und die Betonung haben zum Satz gepasst.	☆☆☆

Mein Tipp für dich:

____

____

Unterschrift: ______________

KV 12

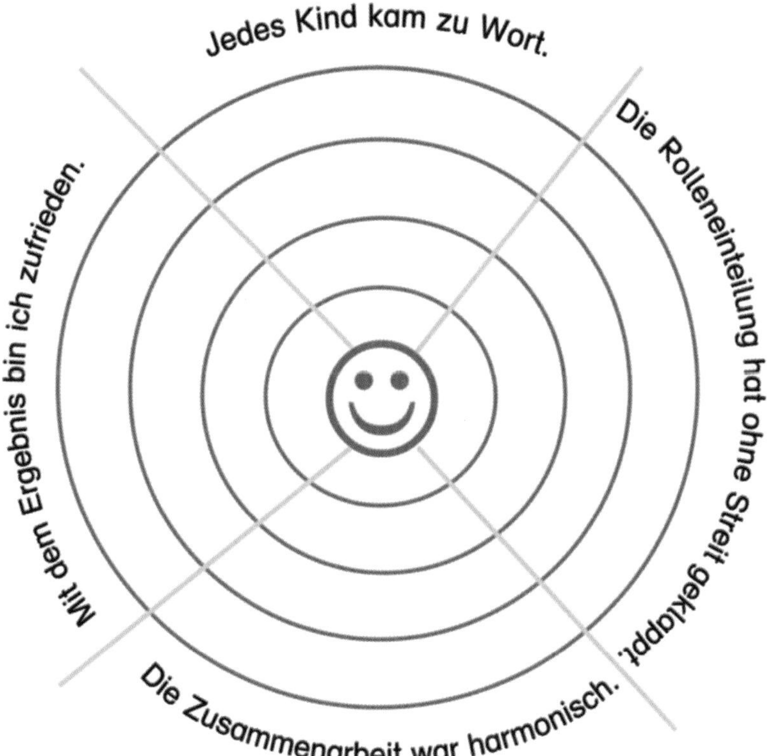
Zielscheibe
KiDSS-Werkstatt
Jedes Kind kam zu Wort.
Die Rolleneinteilung hat ohne Streit geklappt.
Die Zusammenarbeit war harmonisch.
Mit dem Ergebnis bin ich zufrieden.

KV 13

KiDSS Tim sitzt mit seiner Familie am Frühstückstisch. Ohne aufzublicken sagt er mürrisch: „Marmelade!" und streckt eine Hand aus.	KiDSS Lisa hat keine Lust, ihr Zimmer aufzuräumen. „Ist doch mein Problem, Mama!", schimpft sie.
KiDSS Timo möchte unbedingt ein eigenes Handy haben. „Aber Papa, alle in meiner Klasse haben eins!", nörgelt er beim Abendessen.	KiDSS „Hilfst du mir bitte beim Tisch decken?", fragt Toms Mama vor dem Mittagessen.
KiDSS „Klara bekommt beim Einkaufen aber auch immer eine Zeitschrift!", versucht Sonja ihre Mama im Supermarkt zu überzeugen.	KiDSS Paul sagt nachmittags zu seinem Papa: „Vor dem Fußballtraining will ich noch zu Leo zum Spielen gehen!"

2.2.3 „Verkehrte Welt"-Beispiel als Anlass zur Reflexion des familiären Kommunikationsverhaltens heute

Das Bilderbuch „Eltern richtig erziehen" (Grossmann-Hensel 2016) zeigt typische Situationen und Sprüche aus einem Familienalltag wie *Alles muss man selbst machen!/ Du bist doch kein Baby mehr!/ Das tut doch gar nicht weh!* – allerdings mit verdrehten Rollen. So erziehen in dem Fall nicht die Eltern das Kind, sondern umgekehrt (vgl. Abb. 21). Typische elterliche Floskeln werden einem kleinen Mädchen in den Mund gelegt, das es schließlich nach eingehender Lektüre von Fachbüchern sowie dem Austausch mit anderen Heranwachsenden immer besser schafft, die Eltern nach den eigenen Vorstellungen zu erziehen. Dies führt zu zahlreichen skurrilen Situationen, die dem Rezipienten veranschaulichen sollen, wie man die Eltern am besten dazu bringt, das zu tun, was man als Kind möchte.

Abb. 20: Auszug aus dem Bilderbuch „Eltern richtig erziehen" (Grossmann-Hensel 2016)

Aufgrund der „Verkehrte Welt"-Thematik eignet sich das Bilderbuch, um mit den Schülern über familiäre Kommunikationsstrukturen ins Gespräch zu kommen, diese aus unterschiedlichen Perspektiven zu betrachten sowie zu reflektieren.

Die nachfolgenden Ausführungen zeigen nach der Benennung konkreter Lernziele eine mögliche Vorgehensweise im Unterricht auf.

Lernziele bzw. Kompetenzniveaus

Das Vorhaben integriert Zielsetzungen aus den Bereich Reflexion über Sprache sowie Reflexion über Kommunikation. Im Bereich Reflexion über Sprache denken die Kinder über Mehrdeutigkeit und Redewendungen nach:

- Sie nehmen Modalität/ Mehrdeutigkeit wahr.
- Sie beschreiben die wahrgenommene Modalität/ Mehrdeutigkeit.
- Sie reflektieren die wahrgenommene Modalität/ Mehrdeutigkeit.

Darüber hinaus gehen sie experimentell und spielerisch mit Sprache um. Die Lernenden…

- spielen mit Sprache.
- beschreiben die Sprachspielereien.
- reflektieren die Sprachspielereien.

Im Bereich Reflexion über Kommunikation untersuchen die Heranwachsenden Beziehungen zwischen Absicht – sprachlichen Merkmalen – Wirkungen. Die Schüler…

- beschreiben eine nonverbale bzw. verbale sprachliche/ kommunikative Einheit in eigenen Worten.
- setzen Wirkungen von nonverbalen bzw. verbalen sprachlichen/ kommunikativen Einheiten mit bestimmten Absichten in Beziehung.
- kommentieren Beziehungen zwischen Absicht und Wirkung sprachlicher Merkmale.

Zudem untersuchen und nutzen sie Rollen von Sprecher/ Schreiber – Hörer/ Leser auf ihrem individuellen Niveau. Die Heranwachsenden…

- beschreiben verschiedene Rollen von Sprecher/ Schreiber bzw. Hörer/ Leser.
- arbeiten Unterschiede zwischen verschiedenen Rollen heraus.
- nehmen Stellung zu verschiedenen Rollen.

Im Hinblick auf den Grammatikerwerb erweitern die Kinder ihre Fähigkeiten zur Komparation. Je nach individuellem Niveau…

- imitieren sie die Formen durch die Methode Spiel-KIDSS.
- bilden sie im Rahmen eines generativen Schreibanlasses Analogien.
- beschreiben und vergleichen sie die Komparationsformen und recherchieren nach weiteren Beispielen.

Sequenzübergreifend wird weiterhin Wortmaterial für das KIDSS-Lexikon gesammelt. Die Kinder…

- beschreiben sprachliche Bedeutungen.
- vergleichen sprachliche Bedeutungen bezogen auf Gemeinsamkeiten und Unterschiede.
- diskutieren über mögliche Ursachen von Bedeutungsunterschieden.

Lernwege

Im Unterricht kann zur Schulung der angeführten Kompetenzen folgendermaßen vorgegangen werden:

Einstimmung und Situationsdarstellung:

Um die Kinder auf die umgekehrte Erziehungssituation einzustimmen, dienen die Aussagen in Abb. 22 als Gesprächsanlass (KV 14). Gemeinsam werden diese Personen sowie Situationen zugeordnet, wobei die Schüler erwartungsgemäß die Eltern nennen werden.

Abb. 22: Auszug aus dem Bilderbuch „Eltern richtig erziehen“ (Grossmann-Hensel 2016)

Die Lehrkraft präsentiert nun die zweite Hälfte der Überschrift des Bilderbuchs (*richtig erziehen*), was die Heranwachsenden in ihrer Vermutung zunächst bestätigt. In einer Murmelrunde findet sodann ein Austausch darüber statt, was die Lernenden unter dem Begriff *Erziehung* verstehen. Die Ergebnisse werden auf einem Klassenplakat gesammelt. Im Anschluss deckt die Lehrkraft die gesamte Überschrift (*Eltern richtig erziehen*) auf und präsentiert das Buchcover. Die Schüler dürfen kurz ihre Vermutungen äußern sowie Ideen formulieren, wie sie ihre eigenen Eltern erziehen würden. Der Buchinhalt wird mithilfe handlungs- und produktionsorientierter Verfahren erarbeitet. Im Rahmen von KIDSS wird schließlich die Kommunikationssituation zwischen der Tochter und ihren Eltern fokussiert.

Analyse der Kommunikationssituation mit den Methoden KIDSS-Hüte und KIDSS-Runde

Um zu ermöglichen, dass sich die Schüler in die ungewohnten Rollen hineinversetzen, erfolgt zunächst das Nachspielen einzelner Erziehungssituationen in Gruppen in einem Stabpuppenspiel (KV 15). Jede Gruppe erhält dabei eine andere Situation aus dem Bilderbuch (KV 16). Zudem besteht die Option, die Ergebnisse mit dem Tablet aufzunehmen, um ein wiederholtes Anschauen zu ermöglichen. Für eine Analyse der Situation werden die mit dem Tablet aufgezeichneten Situationen eine Gruppe weiter gegeben und von dieser mithilfe der Methode KIDSS-Hüte ausgewertet. Dies erfolgt zwar in

Orientierung an den gewählten Farbkarten, aber in diesem Fall schriftlich in Stichpunkten (KV 17). Beim Vergleichen der Ergebnisse im Plenum erfassen die Heranwachsenden die einseitig ausgerichtete Kommunikationssituation, was in einem Tafelbild veranschaulicht werden kann. Die im Buch getroffene Aussage *Erziehung ist, wenn man an den anderen so lange zieht, bis sie zu einem passen.* wird sodann vertiefend zur Diskussion gestellt und mit den Definitionen auf dem Klassenplakat der Kinder verglichen.

Transfer und Zur-Verfügung-Stellen von Handlungsmodellen mithilfe der Methode KIDSS-Runde

Um einen Transfer auf die kindliche Lebenswelt herzustellen, überlegen sich die Schüler in einer weiterführenden Aufgabe Argumente für und gegen eine Erziehung der Eltern wie im Bilderbuch. Hierbei erweitern sie ihr grammatisches Können im Bilden des Komparativs, indem sie nach der Struktur „Unerzogene Eltern _________ als Erzogene." vorgehen und Analogien bilden.[21] Auf dieser Grundlage verfassen die Kinder einen argumentierenden Brief an das Mädchen, der diesem behilflich sein soll, ihren kleinen Bruder zu überzeugen, nicht den gleichen Fehler zu machen und die Eltern erziehen zu wollen. Als Hilfestellung dienen die gefundenen Analogien. Darüber hinaus erhalten die Lernenden mit dem Format *KIDSS-Tipp* vertiefend die Aufgabe, situationsangemessene Formulierungen für verschiedene Situationen aus ihrem Alltag auszuwählen (KV 18).

LERNEVALUATION

Die Lernevaluation ist wie gewohnt zweigeteilt: Zum einen wählt sich die Lehrkraft zwei bis drei Kinder aus, die sie gezielt bezogen auf metakommunikative Aussagen sowohl in kooperativen Lernphasen als auch in Reflexionsrunden im Plenum beobachtet. Zudem erstellt die Lehrperson ein Stärken-Schwächen-Profil auf Basis des verfassten Briefes. Die Wahrnehmungen werden in den schuljahresübergreifenden Beobachtungsbögen vermerkt (vgl. Abb. 53-55). Zum anderen erfolgt von den Schülern ein Eintrag in das individuelle Lerntagebuch. Um eine Entwicklung sichtbar zu machen, besteht die Möglichkeit, den Aufbau des Tagebucheintrags vorzustrukturieren (*Das ist mir leicht gefallen:.../ Hier hatte ich Schwierigkeiten:.../ In die Rolle der Eltern zu schlüpfen war für mich..., weil...* usw.).

---

[21] Es erfolgt keine traditionelle Einschränkung auf die Verwendung von Adjektiven, wie sie Sprachbücher vornehmen, weshalb die Vorlage entsprechend offen formuliert ist. So finden die Lernenden etwa auch Lösungen wie „Unerzogene Eltern machen öfter Quatsch als erzogene." usw. Im sprachintensiven Unterricht werden die gefundenen Analogien bezogen auf die Sprachhandlung „vergleichen" analysiert und reflektiert. Hierbei diskutieren die Schüler, welche Analogien für sie passen sind. So kann beispielsweise darüber gesprochen werden, ob es die Form „höflicher" tatsächlich gibt oder ob jemand nicht entweder „höflich" oder „unhöflich" ist. Darüber hinaus stellen die Heranwachsenden fest, dass das Vergleichen nicht nur mit der einen vorgegebenen Struktur möglich ist und finden Beispiele zu ihren eigenen Eltern.

KV 14

Alles muss man selber machen!

Das tut doch gar nicht weh!

Du bist doch kein Baby mehr!

KV 15

Stabpuppenspiel „Eltern erziehen“

KiDSS

Aufgabe: Spiele mit deiner Gruppe mindestens eine Situation nach, in der das Mädchen ihre Eltern erziehen will.

1. Zieht ein Situationskärtchen.
2. Überlegt gemeinsam, wie ihr die Situation umsetzen könnt.
3. Verteilt die Rollen:
   Kind 1: Mutter
   Kind 2: Vater
   Kind 3: Mädchen
   Kind 4: Kameramann
4. Spielt die Situation mit den Stabpuppen nach.
   Tipp: Achtet besonders darauf, die Rolle passend mit eurer Stimme zu imitieren.
5. Filmt das Stabpuppenspiel mit dem Tablet.
6. Präsentiert euer Ergebnis in der Klasse.

Überlegt und spielt weitere Situationen.

KV 16

KiDSS Ich brachte ihnen bei, sich vernünftig anzuziehen.
KiDSS Ich brachte ihnen bei, wie man über die Straße geht.
KiDSS Ich brachte ihnen bei, höflich zu sein.
KiDSS Ich brachte ihnen bei, mich nicht zu unterbrechen.
KiDSS Ich brachte ihnen bei, wie man sich bei Tisch benimmt.
KiDSS Ich brachte ihnen bei, ins Bett zu gehen.

KV 17

zum Bilderbuch „Eltern erziehen“

Gruppenmitglieder: ______________________________

Aufgaben:

1. Schaut euch das Video der anderen Gruppe genau an.
2. Beschreibt die Situation mit den farbigen KIDSS-Hüten in Stichpunkten.

△ (weiß)	______________________________ ______________________________
▲ (schwarz)	______________________________ ______________________________
▲ (gelb)	______________________________ ______________________________
▲ (rot)	______________________________ ______________________________
▲ (grün)	______________________________ ______________________________

KV 18

KiDSS Theo will das Spielzeug seiner Schwester haben. Er reißt es ihr aus der Hand, woraufhin diese beginnt zu weinen.	KiDSS „Wenn du sowieso schon dabei bist, kannst du mein Zimmer auch noch aufräumen, Mama!", sagt Nina zu ihrer Mutter.
KiDSS „Ich will heute Abend aber Pizza essen!", nörgelt Tim bei seinem Papa.	KiDSS „Nein!" heißt „Nein!"

2.2.4 KIDSS-Lexika

Sequenz- oder sogar schuljahresübergreifend sammeln die Kinder ungewöhnliches Wortmaterial. Dies können jugendsprachliche Ausdrücke, Redewendungen oder andere für sie auffällige sprachliche Elemente sein. Der *KIDSS-Briefkasten* ermöglicht eine unkomplizierte Sammlung und Auswertung durch die Lehrkraft vor der gemeinsamen Reflexion im Unterricht. Das gesammelte Wortmaterial stellt sodann die Grundlage für die Erstellung des KIDSS-Lexikons dar. Ist dieses schuljahresübergreifend angelegt, bietet es sich an, dass die Lehrkraft eine für die Schüler nachvollziehbare Strukturierung vorgibt oder sogar eine kleine Reihe eröffnet. So kann beispielsweise zwischen *alten Wörtern*, *Redewendungen*, *Dialektwörtern und -sätzen*, *Umgangssprache*, aber auch *Fachsprache* differenziert werden – etwa indem die Heranwachsenden im Sachunterricht relevante Fachbegriffe (z.B. *Mikroskop*) klären und einen Steckbrief erstellen.

LERNZIELE BZW. KOMPETENZNIVEAUS

Die Erstellung und stetige Erweiterung der KIDSS-Lexika integriert sowohl eine *Reflexion über Sprache* als auch über *Kommunikation.* Zum einen *denken die Kinder auf ihrem individuellen Niveau über* Mehrdeutigkeit *und Redewendungen nach.* Die Schüler…

- nehmen Modalität/ Mehrdeutigkeit wahr.
- beschreiben die wahrgenommene Modalität/ Mehrdeutigkeit.
- reflektieren die wahrgenommene Modalität/ Mehrdeutigkeit.

Ferner gehen die Heranwachsenden etwa durch das Wörtlich-Nehmen von Redewendungen sowie durch das Einbetten jugendsprachlicher Ausdrücke in Kommunikationssituationen *mit Sprache experimentell und spielerisch um.* Die Kinder…

- spielen mit Sprache.
- beschreiben die Sprachspielereien.
- reflektieren die Sprachspielereien.

In dem Zuge denken die Schüler gleichzeitig über *Kommunikation* nach, indem sie auf der einen Seite durch die Analyse der ausgedachten Situationen *Beziehungen zwischen Absicht – sprachlichen Merkmalen – Wirkungen untersuchen.* Dabei…

- beschreiben sie eine nonverbale bzw. verbale sprachliche/ kommunikative Einheit in eigenen Worten.
- setzen sie Wirkungen von nonverbalen bzw. verbalen sprachlichen/ kommunikativen Einheiten mit bestimmten Absichten in Beziehung.
- kommentieren sie Beziehungen zwischen Absicht und Wirkung sprachlicher Merkmale.

Auf der anderen Seite versetzen sie sich auf diese Weise *in verschiedene Rollen von Sprecher/ Schreiber – Hörer/ Leser*, die sie untersuchen und nutzen. Je nach Lernstand...

- beschreiben sie verschiedene Rollen von Sprecher/ Schreiber bzw. Hörer/ Leser.
- arbeiten sie Unterschiede zwischen verschiedenen Rollen heraus.
- nehmen sie Stellung zu verschiedenen Rollen.

Je nachdem, welches Wortmaterial gewählt wird, findet die Reflexion aus einer synchronen oder diachronen Perspektive statt. Die Lernenden entdecken sowohl *Unterschiede von Varietäten, Umgangs- und Standardsprache* als auch *Bedeutungsunterschiede im Rahmen des Sprachwandels*. Dabei...

- beschreiben sie sprachliche Bedeutungen.
- vergleichen sie sprachliche Bedeutungen bezogen auf Gemeinsamkeiten und Unterschiede.
- diskutieren sie über mögliche Ursachen von Bedeutungsunterschieden.

LERNWEGE

Während der gesamten Sequenz bzw. über das Schuljahr hinweg sammeln die Kinder über den *KIDSS-Briefkasten* sowie mithilfe von *Forscherheftchen* Wortmaterial, das regelmäßig gemeinsam analysiert wird. In einer *KIDSS-Werkstatt* erarbeiten die Heranwachsenden dabei nicht nur die jeweilige Bedeutung, sondern denken sich ebenso mögliche Kontexte aus oder stellen weiterführende Recherchen an. Finales Produkt ist ein *KIDSS-Lexikon*, in dem alle Forschungsergebnisse der Klasse festgehalten und am Ende eines Schuljahres schließlich publiziert werden. Eine analoge Variante ist grundsätzlich ebenso denkbar, wenngleich bedacht werden muss, dass die digitale Version mit der Nutzung entsprechender (Steckbrief-)Vorlagen Perspektiven für eine Fokussierung der Prozessorientierung bietet. Denn anders als mit einer Printfassung ist eine stetige Überarbeitung oder aber Erweiterung der einzelnen Einträge möglich.

LERNEVALUATION

Die Lernevaluation setzt sich aus zwei Teilen zusammen: Zum einen wählt sich die Lehrkraft zwei bis drei Kinder aus, die sie gezielt bezogen auf metasprachliche Aussagen sowohl in kooperativen Lernphasen als auch in Reflexionsrunden im Plenum beobachtet. Die Wahrnehmungen werden im schuljahresübergreifenden Beobachtungsbogen vermerkt (vgl. KV 21). Zum anderen besteht die Möglichkeit, die für das KIDSS-Lexikon entstandenen Steckbriefe im Hinblick auf die Kompetenzentwicklung auszuwerten.

2.2.5 Erweiterung des individuellen grammatischen Könnens durch die Formate Lese-KIDSS und Spiel-KIDSS

Sequenzübergreifend erhalten die Kinder zusätzlich über die Formate Lese-KIDSS und Spiel-KIDSS die Möglichkeit zur Erweiterung der individuellen grammatischen Kompetenzen. Es empfiehlt sich, die grammatischen Kategorien an die Lerngruppe anzupassen.

Lese-KIDSS

Als Lesetexte stehen den Kinder-Tandems Geschichten aus der Zeit der Großeltern zur Verfügung. Ausgewählt wurden in dem Zuge in Orientierung am Oberthema *Kindheit früher und heute* zum einen weitere Geschichten des *Struwwelpeters* sowie die Streiche von *Max und Moritz* als Klassiker des Autors Wilhelm Busch. Bezogen auf fehleranfällige grammatische Kategorien weisen beide unregelmäßige Präteritalformen auf, die durch das wiederholte Lautlesen – beispielsweise organisiert in freien Lesezeiten – immer wieder erlesen und so sukzessive verinnerlicht werden.

Spiel-KIDSS

Für das Format Spiel-KIDSS werden zwei Kinderverse aus der Zeit der Großeltern gewählt, die auswendig gelernt und mit Fingerpuppen vorgespielt werden: *Eine kleine Dickmadam* sowie *Knabber, knabber* (vgl. KV 19). Die Erweiterung des grammatischen Könnens zielt auf die Imitation unregelmäßiger Präteritalformen sowie den Diminutiv ab. Dabei bereitet z.B. jedes Lese-Tandem den Vers mit geeigneten Bewegungen für die Klasse vor, den alle gemeinsam chorisch mitsprechen und nachspielen. Als Hausaufgabe befragen die Lernenden ihre Großeltern nach weiteren alten Reimen und spielen ein Beispiel aus der Schule vor. Ferner denken sich die Heranwachsenden in Orientierung am mimetischen Lernen eigene Reime der gleichen Struktur aus (*Eine kleine Dickmadam fuhr mal mit der Eisenbahn./ Ein/e ... fuhr mal mit .../ Ein/e ...mit ...*) und überlegen sich Parallelgeschichten zum Reim *Knabber, knabber* zu anderen Tieren (wie *Hündchen*, *Pferdchen*, *Häschen* usw.).

Die Lernevaluation findet durch die gezielte Beobachtung einzelner Kinder statt, deren Ergebnisse auf dem schuljahresübergreifenden Beobachtungsbogen festgehalten werden (vgl. Abb. 16). Darüber hinaus empfiehlt es sich, mehrmals über das Schuljahr verteilt Textprodukte der Kinder bezüglich der korrekten Verwendung grammatischer Strukturen auszuwerten, um auf diese Weise tatsächlich eine Erweiterung des grammatischen Könnens festzustellen.

KV 19

KiDSS

Knabber, knabber

Knabber, knabber Mäuschen,
Wer knabbert an mein Häuschen
Sicher ist's ein Kätzchen
Macht gar schräge Frätzchen.
Schnubbert mit dem Näschen
An meinem feinen Käschen.

(Monika Minder)

KiDSS

Eine kleine Dickmadam

Eine kleine Dickmadam
fuhr mal mit der Eisenbahn.
Dickmadam, die lachte,
Eisenbahn, die krachte.
Eins, zwei, drei,
und du bist frei!

D Fazit und Perspektiven

KIDSS zeigt eine Möglichkeit zur Umsetzung des Kompetenzbereichs *Sprache und Sprachgebrauch untersuchen* in der Primarstufe, die auf dem aktuellen Forschungsstand basiert. Eingebettet in einen sprachintensiven Unterricht sollen durch die Förderung des individuellen grammatischen Könnens sowie die Weiterentwicklung metasprachlicher und metakommunikativer Fähigkeiten die sprachliche Handlungsfähigkeit erweitert sowie ein sprachliches Begleitbewusstsein entwickelt werden. Ein besonderes Augenmerk wurde bei der Konzeption auf bildungspolitische Vorgaben (vgl. KMK 2005, KMK 2015a) sowie Erkenntnisse relevanter Bezugsdisziplinen (z.B. *Sprachpsychologie*, *Entwicklungspsychologie* und *Grundschulpädagogik*) gelegt, die einen integrativen Unterricht, aktiv-entdeckendes, methodenbezogenes und soziales Lernen in authentischen Kontexten sowie eine individualisierende und kompetenzorientierte Vorgehensweise fordern. Die *Didaktische Landkarte* sowie das *3-Ebenen-Modell* geben einen Einblick in die konkrete Unterrichtsorganisation. Auf diese Weise wurde den eingangs formulierten Desideraten bei KIDSS begegnet:

Kontextualisierung durch authentische Sprachhandlungen

Lernpsychologische Erklärungsansätze identifizieren die Vermittlung in authentischen, lebensweltlichen Kontexten als einen wichtigen Faktor für den Lernerfolg, was auch KIDSS aufgreift. Bronfenbrenners *bio-ökologisches Modell* (vgl. Abb. 6) stellt diese Kontexte überblicksartig dar, indem es die kindliche Lebenswelt in verschiedene Domänen einteilt. Das Modell eignet sich als Grundlage zur Identifikation authentischer Sprachhandlungen für den Deutschunterricht. Bisherige Lehrmaterialien berücksichtigen die unterschiedlichen kindlichen Interaktionsbereiche und aktuelle Interessen (vgl. MpFS 2018) allerdings noch zu wenig (vgl. Luptowicz 2021, 134ff.). Darüber hinaus sind kaum Impulse für Transferleistungen auf andere Domänen vorhanden. Digitale Medien werden in den Sprachbüchern beispielsweise nur auf Einzelseiten erwähnt, eine Reflexion über digitale Sprache per se findet nicht statt. Studien identifizieren aber das Smartphone als das Medium, das sich am häufigsten in den Kinderzimmern der sechs- bis 13-Jährigen findet, jedes zweite Kind besitzt im Alter von neun Jahren selbst ein Handy oder Smartphone (vgl. KMS 2018). Darüber hinaus zeigen die Umfrageergebnisse, dass bereits die Hälfte der Achtjährigen mehrmals pro Woche neben dem Smartphone auch Tablet oder PC nutzt (vgl. ebd.). Die Integration in den Unterricht ist demnach dringend erforderlich, gerade wenn berücksichtigt wird, dass digitale Kompetenzen als übergreifendes Bildungsziel in allen Fächern zu erwerben sind (vgl. u.a. KMK 2016; ISB 2014).

Die Inhalte von KIDSS sind daher domänenübergreifend und als Spiralcurriculum angelegt, um durch die Lernmechanismen der *Wiederholung* und *Kontextualisierung* sukzessive das sprachliche Begleitbewusstsein auszubilden. Ritualisierte kooperative Lernprozesse unterstützen die Kompetenzerweiterung (z.B. KIDSS-Konferenz). Perspektivisch werden neue Technologien es sicherlich erleichtern, KIDSS noch mehr an die aktuellen Bedürfnisse der Kinder anzupassen. Darüber hinaus kann der Schulbuchmarkt mit dem Fokus auf dem Printprodukt kaum auf aktuelle Entwicklungen reagieren. Digitale Unterrichtsassistenten oder hybride Sprachbücher stellen zukünftig mehr authentische Lernsituationen mit individualisierten Inhalten, einer individuellen Lernevaluation sowie darauf basierenden Förderprogrammen bereit, als es derzeit im Rahmen der Beispiele von KIDSS möglich ist.

Erweiterung metasprachlicher bzw. metakommunikativer Fähigkeiten sowie des grammatischen Könnens

Erklärungsansätze zum kindlichen Spracherwerb machen deutlich, dass der bisherige Unterricht im Kompetenzbereich *Sprache und Sprachgebrauch untersuchen* nicht genug an den Vorerfahrungen der Lernenden anknüpft (vgl. Luptowicz 2021, 23ff.). Dies gilt sowohl für metasprachliche und metakommunikative Fähigkeiten als auch das grammatische Können.

Auf der einen Seite wird zu wenig bedacht, dass die Schüler bereits vor der Einschulung vielfältig über Sprache und Sprachgebrauch reflektieren, woran gerade bezogen auf die Standards *Sprachliche Verständigung untersuchen* sowie *Gemeinsamkeiten und Unterschiede von Sprachen entdecken* angeknüpft werden kann. Obwohl diese durch die Bildungsstandards vorgegeben sind, handelt es sich um Bereiche, die in Sprachbüchern eher stiefmütterlich auf Einzelseiten abgehandelt werden (vgl. ebd., 134ff.). Eine Ausweitung ist für einen ausgewogenen Kompetenzerwerb dringend nötig. Neben der Reflexion von Wort- und Äußerungsbedeutungen und -bezeichnungen sind die Kinder beispielsweise ebenso in der Lage, die Modalität einer Aussage einzuschätzen oder aber Sprecherwechsel und Rederecht, Performanz des Sprechens, Höflichkeit und Gesprächsnormen, den Gebrauch und Bewertung von Wörtern, Äußerungen und sprachlichen Aktivitäten zu kommentieren (vgl. Stude 2014, 116ff.). Unterrichtskonzepte wie das *Nachdenken über Sprache* von Riegler, die an diesen Vorerfahrungen ansetzen und eine stärkere Förderung sprachreflexiver Fähigkeiten in der Primarstufe fordern, müssen mehr berücksichtigt werden. Erkenntnisse wie etwa aus der BELLA-Studie (*Befragung zum seelischen Wohlbefinden und Verhalten*), die zeigen, dass ca. 20% der Kinder Verhaltensauffälligkeiten aufweisen und große Probleme im sozialen Miteinander haben, forcieren die Forderung nach einer stärkere Einbindung metakommunikativer Kompetenzen in die Lehrpläne. Auf diese Weise hätten Lehrkräfte mehr Zeit für werteerzieherische Aspekte in Verbindung mit dem Sachunterricht – beispielsweise durch ritualisierte metakommunikative Sequenzen im Rahmen des KIDSS-Tipps. All dies führt zu einer Fokussierung und Ausdifferenzierung der beiden Standards – sicherlich in Verbindung mit dem Bereich *an Wörtern, Sätzen, Texten arbeiten.*

Interventionsstudien, die Hinweise darauf geben könnten, inwiefern die methodisch-didaktische Aufbereitung für die Primarstufe erfolgen sollte, damit die Kinder kompetenzorientiert *sprachliche Verständigung untersuchen* bzw. *Gemeinsamkeiten und Unterschiede von Sprachen entdecken* können, fehlen. Allerdings geben Analysen aus der Spracherwerbsforschung sowie lernpsychologische Erklärungsansätze Einblicke. Z.B. legte Stude (2014) durch Gesprächsanalysen im Kindergarten Bedingungen offen, die metasprachliche und metakommunikative Sequenzen bei den Heranwachsenden begünstigen: Dies sind zum einen *Peerinteraktionen*, aber auch die *Modellfunktion* der Lehrkraft sowie *Häufigkeiten im Input*. Daran knüpft KIDSS an, indem die Schüler durch vielfältige ritualisierte Zugänge zur Reflexion von Sprache und Kommunikation angeregt werden. Über zahlreiche metasprachliche und metakommunikative Aktivitäten sowohl im Klassenverband als auch in Partner- und Gruppenarbeit (z.B. in der KIDSS-Runde) kann sukzessive die Ausbildung von Sprachbewusstheit unterstützt werden.

Werden die Kinder bezogen auf ihre metasprachlichen bzw. metakommunikativen Vorerfahrungen eher unterschätzt, verhält es sich auf der anderen Seite beim grammatischen Können eher umgekehrt: Der individuelle Grammatikerwerb der ist bei der Einschulung (und auch am Ende der Grundschulzeit) noch nicht abgeschlossen. Beispielsweise finden sich im Sprachgebrauch von Grundschulkindern noch viele Fehlbildungen bei der Kasusmarkierung. Methodendiskussionen stehen an dieser Stelle zu recht vor einem Problem: Eine deduktive formale Vermittlung der grammatischen Kategorien wie es der traditionelle Grammatikunterricht vorsieht, ist vor dem Hintergrund lernpsychologischer Erklärungsansätze im Grundschulalter nicht erfolgsversprechend, was durch die wenigen Erhebungen zum grammatischen Wissen von Schülern deutlich wird. Für eine *induktive* Vermittlung, die mehr Lernerfolg verspricht, ist auf der anderen Seite ein gewisses Sprachgefühl Voraussetzung, worüber die Lernenden bezogen auf diese Phänomene allerdings noch nicht verfügen. Vor einer Auseinandersetzung mit operativen Verfahren zur Kasusbestimmung steht demnach eine Förderung des individuellen Grammatikerwerbs wie ihn Hochstadt mit dem mimetischen Lernen fordert (vgl. ebd. 2015). KIDSS integriert aufgrund dieser Erkenntnisse im Sinne einer Curriculumspirale kompetenzorientierte Aufgabenformate zur Erweiterung des individuellen grammatischen Könnens – was eine explizite Vermittlung bei entsprechenden individuellen Kompetenzen allerdings nicht ausschließt. Die methodische Umsetzung leitet sich aus den Erkenntnissen zum kindlichen Grammatikerwerb sowie zur Erweiterung metasprachlicher und metakommunikativer Fähigkeiten ab, was sich in den gewählten Unterrichtsprinzipien – *Lebensweltbezug, Könnensorientierung, kooperatives Lernen* sowie *Wiederholung* – widerspiegelt. Über ritualisierte Reflexionsanlässe (wie Spiel-KIDSS, KIDSS-Tipp) im Plenum sowie kooperatives Lernen (z.B. KIDSS-Konferenz, KIDSS-Werkstatt, Lese-KIDSS) werden die individuellen Kompetenzen der Lernenden sukzessive erweitert. Dies kommt ebenso Lernern mit Förderbedarf sowie mit Deutsch als Zweitsprache zu Gute, die etwa über reproduktives Sprechen oder Schreiben genauso sukzessive Analogien bilden und somit ohne Überforderung auf ihrem Niveau am Unterricht im Bereich *Sprache und Sprachgebrauch untersuchen* teilnehmen können. Deren Partizipation wird immer wichtiger, da beispielsweise im Jahr 2017 nahezu 40% der Kinder in Deutschland einen Migrationshintergrund aufwiesen (vgl. bpb 2018). Die kompetenzorientierte Ausrichtung von KIDSS eröffnet durch Kompetenzniveau I auch solchen Schülern Möglichkeiten für eine Partizipation am Unterricht im Bereich *Sprache und Sprachgebrauch untersuchen*, wenngleich KIDSS perspektivisch noch mehr an der Schnittstelle zwischen Deutsch als Muttersprache, Deutsch als Zweitsprache sowie der Inklusionsforschung angelegt werden müsste.

Individualisierung von Lernzielen, Lernwegen und Lernevaluation

Die Heterogenität der Lernenden hat zur Folge, dass die gleichschrittige Vermittlung traditioneller grammatischer Kategorien in der Primarstufe nicht für alle Kinder zu einem Kompetenzzuwachs führen kann. Der Kompetenzbegriff (vgl. Weinert 2001) und ein solcher Unterricht stehen in einem Widerspruch. In Verbindung mit grundschulpädagogischen Erklärungsansätzen plädiert KIDSS daher für ein kompetenzorientiertes Lernen, das mit einer Individualisierung von Lernzielen, Lernwegen und der Lernevaluation einhergeht:

Die kompetenzorientierte Ausrichtung von KIDSS eröffnet Möglichkeiten zur Erweiterung der individuellen Fähigkeiten, indem verschiedene Anforderungsniveaus bearbeitet werden. Das Ziehen didaktischer Schleifen im Sinne einer Curriculumsspirale ermöglicht dabei Aufgaben zur Förderung des grammatischen Könnens sowie der metasprachlichen und metakommunikativen Fähigkeiten in unterschiedlichen lebensweltlichen Kontexten. Die gewählten Methoden basieren auf Erkenntnissen zum kindlichen Spracherwerb sowie der Lernpsychologie. Ein Nachweis durch eine Interventionsstudie steht allerdings noch aus. Aus erziehungswissenschaftlicher Perspektive gestaltet sich aufgrund der tragenden Rolle der Lehrperson eine Evaluation des gesamten Konzepts aber eher schwierig:

> „KU (= kompetenzorientierter Unterricht; d. Verf.) per se ist ebenso wenig lernförderlich wie es Methoden der Individualisierung und Differenzierung sind; er kann dilettantisch, schematisch und pedantisch oder souverän, flexibel und sensible erfolgen. Entscheidend ist weniger das OB, sondern das WIE. Das heißt: Sein Potential kann der KU erst dann entfalten, wenn er eingebettet ist in einen durch effiziente Klassenführung, kognitive Aktivierung und lernförderliches Klima gekennzeichneten Unterricht, verbunden mit vielfältigen lernförderlichen Rückmeldungen" (Helmke 2016, 3f.).

Gewinnbringend wäre demgegenüber auch Helmke zufolge eine Erhebung zu Tiefenstrukturen des Unterrichts im Kompetenzbereich *Sprache und Sprachgebrauch untersuchen* der Primarstufe, wie sie Stahns zur kognitiven Aktivierung in der Sekundarstufe vornimmt (vgl. ebd. 2013). Auf diese Weise könnte der Rahmen, den KIDSS vorgibt, durch Erkenntnisse zu lernförderlichen Effekten fundiert und weiter ausgebaut werden. Darauf aufbauend müssten Videoanalysen zur konkreten Umsetzung einzelner Inhalte von KIDSS erfolgen, die die einzelnen Prozessmerkmale in Verbindung mit der Kompetenzerweiterung der Schüler bringen.

Eine prozessorientierte *Lernevaluation*, wie sie beispielsweise in der Schreibdidaktik selbstverständlich ist, wurde in den angeführten Konzepten für den Kompetenzbereich *Sprache und Sprachgebrauch untersuchen* nicht diskutiert. Die KIDSS-orientierte Lernevaluation nimmt die Schülerperspektive in den Blick und eröffnet Möglichkeiten, auch im vorliegenden Kompetenzbereich prozessorientiert Leistungen rückzumelden. Über Beobachtungsbögen erfassen Lehrkräfte die Entwicklung im Laufe eines Schuljahres. V.a. die *Partizipation* der Kinder wird aber ebenso fokussiert, weshalb sich die Einschätzung der Lehrkraft neben den Beobachtungen in Phasen gemeinsamen (z.B. im Rahmen des KIDSS-Tipp) und selbstgesteuerten Lernens (z.B. in der KIDSS-Werkstatt) ebenso aus Produkten des KIDSS-Buches zusammensetzt. Z.B. entscheiden die Heranwachsenden selbst, welche Arbeitsprodukte im KIDSS-Buch abgeheftet und bewertet werden. Für die Bewertung stehen Beobachtungsbögen zur Verfügung, die im Laufe eines Schuljahres den Kompetenzzuwachs der Lernenden veranschaulichen (vgl. Abb. 16-18). Perspektivisch entlasten neue digitale Möglichkeiten Lehrkräfte sukzessive, indem etwa spezielle Anwendungen individuelle Stärken-Schwächen-Profile für die einzelnen Kinder erstellen. Die Programme sind allerdings auf Kompetenzmodelle angewiesen, die für die Mehrzahl der Standards des Kompetenzbereichs noch nicht vorliegen. Bis dahin bleibt eine erwerbs- und prozessorientierte Beurteilung der Schülerleistungen eine Herausforderung. Hier besteht dringender Forschungsbedarf.

Zielsetzung war es, mit KIDSS ein Unterrichtskonzept für den Bereich *Sprache und Sprachgebrauch untersuchen* für die Primarstufe zu entwerfen, das von den individuellen Fähigkeiten der Kinder ausgeht. Hierfür wurde der bisherige Forschungsstand der Sprachdidaktik mit Erklärungsansätzen relevanter Bezugsdisziplinen verbunden und erweitert. Damit leistet die Arbeit einen Beitrag, auch in diesem Kompetenzbereich einen individualisierenden und kompetenzorientierten Unterricht umzusetzen.

Literatur

Primärliteratur

Apps

CATEATER, LLC (o.J.): Stop Motion Studio (Version 9.3.3) [Mobile application software]. © CATEATER, LCC. Abgerufen von: https://apps.apple.com/de/app/stop-motion-studio/id441651297 (Letzter Stand: Juni 2019).

GoMeta (2019): Metaverse. Augmented Reality (Version 4.0.12) [Mobile application software]. Google Commerce Ltd. Abgerufen von: https://play.google.com/store/apps/details?id=com. gometa.metaverse&hl=de (Letzter Stand: Juli 2019).

Leemann, Adrian (2016): Grüezi, Moin, Servus (Version 1.0.3) [Mobile application software] © Leemann/ Kolly. Abgerufen von: https://apps.apple.com/de/app/gr%C3%BCezi-moin-servus/id982633800 (Letzter Stand: Juli 2019).

Mixtvision Mediengesellschaft mbH (2015): Die große Wörterfabrik [Mobile application software]. München: mixtvision Digital GmbH. Abgerufen von: https://apps.apple.com/de/app/die-gro%C3%9Fe-w%C3%B6rterfabrik/id715582746 (Letzter Stand: Juli 2019).

plasq LLC (2018): Comic Life 3 (Version 3.5.10) [Mobile application software]. Abgerufen von: https://apps.apple.com/de/app/comic-life-3/id891378056 (Letzter Stand: Juli 2019).

Red Jumper Limited (2019): Book Creator (Version 5.2.4) [Mobile application software]. Abgerufen von: https://apps.apple.com/de/app/book-creator-for-ipad/id442378070 (Letzter Stand: Juli 2019).

Bücher

Antony, Steve (2017): Herr Panda und das Bitte. J. P. Bachem Verlag GmbH: Köln.

De Lestrade, Agnès; Docampo, Valeria (2012): Die große Wörterfabrik. Mixtvision Mediengesellschaft mbH: München.

Dückers, Tanja; Gehrmann, Katja (2015): Katzenaugen-grüne-Trauben-Blitzer-Glitzer-Geistergrün. Carl Hanser Verlag GmbH & Co. KG: München.

Grossmann-Hensel, Katharina (2016): Eltern richtig erziehen. Annette Betz Verlag: Berlin.

Hallbey, Hans Adolph (1975): Urlaubsfahrt. In: Gelberg, Hans-Joachim (Hrsg.): Menschengeschichten. Texte, Lebensbilder, Erzählungen, Gedichte, Beispiele, Märchen, Comics, Rätsel, Bilder, Fotos. Beltz Verlag: Weinheim und Basel.

Hoffmann, Heinrich (1845): Der Struwwelpeter. Abgerufen von: https://www.google.com/url?sa=t&rct=j&q=&esrc=s&source=web&cd=2&ved=2ahUKEwja18bu9e7jAhUOLewKHYTYCaUQFjABegQIBxAC&url=https%3A%2F%2Fwww.vorleser.ne

t%2Ff-Download-d-reader.html%3Fid%3D2308&usg=AOvVaw2xrDiJaPqi66K_UTLV_lgC (Letzter Stand: Juni 2019).

Maxeiner, Alexandra; Kuhl, Anke (2013): Alles Familie!: Vom Kind der neuen Freundin vom Bruder von Papas früherer Frau und anderen Verwandten. Klett Kinderbuch Verlag GmbH: Leipzig.

McLaughlin, Tom (2015): Die Geschichtenmaschine. Bohem Press: Zürich.

Nowell, Belinda; Alexander, Míša (2017): Wer hat schon eine normale Familie? Carl Auer Verlag GmbH: Heidelberg.

Filme

Branagh, Kenneth (2015): Cinderella. Walt Disney.

Deblois, Dean; Sanders, Christopher (2010): Drachen zähmen leicht gemacht. Universal Pictures Germany GmbH.

Geronimi, Clyde; Jackson, Wilfred; Luske, Hamilton (1950): Cinderella. Walt Disney.

Hellbom, Ole (2007): Pippi auf Sachen-Suche. Aus: Pippi Langstrumpf – TV-Serien-Box. Folge 3. Universum Film GmbH.

Hellbom, Ole (2010): Die Kinder von Bullerbü. Original TV-Serie aus den 1960er Jahren. Universum Film GmbH.

Masannek, Joachim (2004): Die Wilden Kerle. Alles ist gut – solange du wild bist! Universum Film GmbH.

Stanton, Andrew; MacLane, Angus (2017): Findet Dorie. Walt Disney.

Lieder

℗ 2018 Sony Music Entertainment Germany GmbH (2018): Zusammen feat. Clueso [Explicit]. Die Fantastischen Vier feat. Clueso. Aus: Captain Fantastic. Columbia.

℗© Boxgalopp / Beste! Unterhaltung (2018): Biddschebaddschebeedä. Aus: Hobbädihö. Beste! Unterhaltung.

℗© Deine Freunde GbR, under exclusive license to Universal Music Family Entertainment, a division of Universal Musik GmbH (2015): Hausaufgaben. Aus: Kindsköpfe. noch mal!!!

Internetseiten

BLO (Bayerische Landesbibliothek Online) (2013, 11.06.): Sprechender Sprachatlas. Online unter: https://sprachatlas.bayerische-landesbibliothek-online.de/ (Letzter Stand: Juli 2019).

TOLLABEA (2015, 07.10.): Wäscheklammer-Kalligrafie für eine schönere Handschrift bei Kindern. Online unter: https://www.tollabea.de/waescheklammer-kalligrafie-fuer-eine-schoenere-handschrift/ (Stand: Juni 2019).

Onlinevideos

Marchbike (2014, 12.05.): Eine Schulstunde Anno 1915 [YouTube]. Abgerufen von: https://www.youtube.com/watch?v=JNGk6fDZ5ro (Stand: August 2019).

Sekundärliteratur

Andresen, Helga (2011): Entstehung von Sprachbewusstheit in der frühen Kindheit – Spracherwerbstheoretische und didaktische Perspektiven. In: Köpcke, Klaus-Michael und Christina Noack (Hrsg.): Sprachliche Strukturen thematisieren. Sprachunterricht in Zeiten der Bildungsstandards. Schneider Verlag Hohengehren: Baltmannsweiler, S. 15-26.

Andresen, Helga (2014): Vorschulische Sprachreflexion. In: Gornik, Hildegard (Hrsg.): Sprachreflexion und Grammatikunterricht. Schneider Verlag Hohengehren: Baltmannsweiler, S. 174-183.

Bartnitzky, Horst (⁶2016): Grammatikunterricht in der Grundschule. Cornelsen Scriptor: Berlin.

Funke, Reinold (2005): Sprachliches im Blickfeld des Wissens. Grammatische Kenntnisse von Schülerinnen und Schülern. Niemeyer Verlag: Tübingen.

Gaebert, Désirée-Kathrin (2014): Satzglieder in Schulbüchern: Das Lernangebot und seine Nutzung durch Lehrkräfte. In: Wrobel, Dieter und Astrid Müller (Hrsg.): Bildungsmedien für den Deutschunterricht. Vielfalt – Entwicklungen – Herausforderungen. Verlag Julius Klinkhardt: Bad Heilbrunn, S. 129-142.

Glöckel, Hans (⁴2003): Vom Unterricht. Verlag Julius Klinkhardt: Bad Heilbrunn.

Granzow-Emden, Matthias (2014): Sprachstrukturen verstehen. Die Entwicklung grammatischer Kategorien. In: Gornik, Hildegard (Hrsg.): Sprachreflexion und Grammatikunterricht. Schneider-Verlag Hohengehren: Baltmannsweiler, S. 213-241.

Guasti, Maria Teresa (2011): Der Erstspracherwerb. In: Buttaroni, Susanne (Hrsg.): Wie Sprache funktioniert. Einführung in die Linguistik für Pädagoginnen und Pädagogen. Schneider Verlag Hohengehren: Baltmannsweiler, S. 159-204.

Hlebec, Hrvoje (2014): Wie viel Sprachbetrachtung steckt im Sprachbuch? Eine Analyse von Aufgabenstellungen zur Einführung der Wortart Verb in Sprachbüchern für die Grundschule. In: Bredel, Ursula und Claudia Schmellentin (Hrsg.): Welche Grammatik braucht der Grammatikunterricht? Schneider Verlag Hohengehren: Baltmannsweiler, 161-182.

Hochstadt, Christiane (2015): Mimetisches Lernen im Grammatikunterricht. Schneider Verlag Hohengehren: Baltmannsweiler.

Holzapfel, Nicola (2010): Uni-Test. Germanisten scheitern an Grammatik. Online unter: http://www.sueddeutsche.de/karriere/uni-test-germanisten-scheitern-an-grammatik-1.547946 (Stand: 16.06.2018).

Hußmann, Stephan; Thiele, Jörg; Hinz, Renate; Prediger, Susanne; Ralle, Bernd (2013): Gegenstandsorientierte Unterrichtsdesigns entwickeln und erforschen. Fachdidaktische Entwicklungsforschung im Dortmunder Modell. In: Komorek, Michael und Susanne Prediger (Hrsg.): Der lange Weg zum Unterrichtsdesign. Zur Begründung und Umsetzung fachdidaktischer Forschungs- und Entwicklungsprogramme. Waxmann: Münster et al., S. 25-42.

Ivo, Hubert; Neuland, Eva (1991): Grammatisches Wissen. Skizze einer empirischen Untersuchung über Art, Umfang, und Verteilung grammatischen Wissens (in der Bundesrepublik). In: Diskussion Deutsch 121, S. 437-485.

Kahl, Reinhard (2007): Die Zeit – Online: Völlig grammatikfrei. Online unter: http://www.reinhardkahl.de/pdfs/9%20bildungskolumne-grammatik-theater.pdf (Stand: 21.05.2012).

Karmiloff-Smith, Annette (2001): The developing child. Pathways to language: From fetus to adolescent. Harvard University Press: Cambridge.

Kauschke, Christina (2000): Der Erwerb des frühkindlichen Lexikons – eine empirische Studie zur Entwicklung des Wortschatzes im Deutschen. Narr: Tübingen.

Kauschke, Christina (2012): Kindlicher Spracherwerb im Deutschen. Verläufe, Forschungsmethoden, Erklärungsansätze. De Gruyter: Berlin und Boston.

Klieme, Eckhard; Rakoczy, Katrin (2008): Empirische Unterrichtsforschung und Fachdidaktik. Outcome-orientierte Messung und Prozessqualität des Unterrichts. In: Zeitschrift für Pädagogik, Heft 2/ 54, S. 222-237.

Klieme, Eckhard et al. ([2]2009): Zur Entwicklung nationaler Bildungsstandards. Expertise. BMBF. Online unter: https://www.google.com/url?sa=t&rct=j&q=&esrc=s&source=web&cd=2&ved=2ahUKEwi99vDm8oDdAhUIDJoKHQqsCQAQFjABegQIBhAC&url=https%3A%2F%2Fwww.bmbf.de%2Fpub%2FBildungsforschung_Band_1.pdf&usg=AOvV aw06ZfCYu2FoWY 37QUX15I7Z (Stand: 22.08.2018).

Klotz, Peter (2007): Sprachbewusstheit und Sprachwissen als Schlüsselqualifikation im Deutschunterricht. In: Glaboniat, Manuela; Rastner, Eva-Maria und Werner Wintersteiner (Hrsg.): Wir sind, was wir tun. Deutschdidaktik und Deutschunterricht vor neuen Herausforderungen. Studien Verlag: Innsbruck, S. 93-109.

KMK (2005): Bildungsstandards im Fach Deutsch für den Primarbereich (Jahrgangsstufe 4). Beschluss vom 15.10.2004. München: Wolters Kluwer 2005.

KMK (2015): Empfehlungen zur Arbeit in der Grundschule (Beschluss der Kultusministerkonferenz vom 02.07.1970 i. d. F. vom 11.06.2015). Online unter: https://www.kmk.org/fileadmin/.../1970_07_02_Empfehlungen_Grundschule.pdf (Stand: 18.06.2018).

Krafft, Andreas (2014): Zur Entwicklung metasprachlicher Fähigkeiten bei Kindern mit ein- und mehrsprachigem Hintergrund. Schneider Verlag Hohengehren: Baltmannsweiler.

Kurtz, Gunde; Hofmann, Nicole; Biermas, Britta; Back, Tiana; Haseldiek, Karen ([2]2015): Sprachintensiver Unterricht. Ein Handbuch. Schneider Verlag Hohengehren: Baltmannsweiler.

Lipkowski, Eva (2017): Spracherwerbsprozesse im Schulalter und deren Förderung in Grundschule und Sekundarstufe 1. Ein Studienbuch. Universitätsverlag Rhein-Ruhr: Duisburg.

Luptowicz, Corinna (2016): Konkrete Poesie im Deutschunterricht der Primarstufe. Mit dem Programm OOo4Kids Lyrik digital gestalten. Onlinepublikation im Projekt DiLLiS — Digitales Lehren und Lernen im Saarland. Saarbrücken.

Luptowicz, Corinna (2019): KIDSS – ein kompetenzorientiertes und individualisierendes fachdidaktisches Unterrichtskonzept zum Bereich Sprache und Sprachgebrauch untersuchen in der Primarstufe. Unv. Diss. Universität des Saarlandes: Saarbrücken.

Luptowicz, Corinna (2021): Sprache und Sprachgebrauch untersuchen. Band 1: Theorie. Grundlagen und Perspektiven für einen kompetenzorientierten Unterricht. Schneider Verlag Hohengehren: Baltmannsweiler.

Menzel, Wolfgang (1999): Grammatik-Werkstatt: Theorie und Praxis eines prozessorientierten Grammatikunterrichts für die Primar- und Sekundarstufe. Kallmeyer: Seelze-Velber.

Mesch, Birgit; Dammert, Yvonne (2015): Verbwissen in der Primarstufe. In: Mesch, Birgit und Björn Rothstein (Hrsg.): Was tun mit dem Verb? – Über die Möglichkeit und Notwendigkeit einer didaktischen Neuerschließung des Verbs. Walter de Gruyter: Berlin und Boston, S. 1-43.

Meyer, Hilbert ([12]1994): Trainingsprogramm zur Lernzielanalyse. Athenäum Verl.: Frankfurt a.M.

Neuland, Eva (2002): Sprachbewusstsein – eine zentrale Kategorie für den Deutschunterricht. In: Der Deutschunterricht, Heft 3, 54, S. 4-10.

Ossner, Jakob (2010): Sprachbewusstheit: Anregung des inneren Monitors. In: Willenberg, Heiner (Hrsg.): Kompetenzhandbuch für den Deutschunterricht. Auf der empirischen Basis des DESI-Projekts. Schneider Verlag Hohengehren: Baltmannsweiler, S. 134-147.

Peyer, Ann (2011): Sätze untersuchen. Lernorientierte Sprachreflexion und grammatisches Wissen. Friedrich: Seelze.

Prediger, Susanne; Komorek, Michael; Fischer, Astrid; Hinz, Renate; Hußmann, Stephan; Moschner, Barbara; Ralle, Bernd; Thiele, Jörg (2013): Der lange Weg zum Unterrichtsdesign. Zur Begründung und Umsetzung fachdidaktischer Forschungs- und Entwicklungsprogramme. In: Komorek, Michael und Susanne Prediger (Hrsg.): Der lange Weg zum Unterrichtsdesign. Zur Begründung und Umsetzung fachdidaktischer Forschungs- und Entwicklungsprogramme. Waxmann: Münster u.a., S. 10-24.

Riegler, Susanne (2006): Mit Kindern über Sprache nachdenken – eine historisch-kritische, systematische und empirische Untersuchung zur Sprachreflexion in der Grundschule. Filibach: Freiburg im Breisgau.

Ruberg, Tobias; Rothweiler, Monika (2012): Spracherwerb und Sprachförderung in der KiTa. Verlag W. Kohlhammer: Stuttgart.

Schorch, Günther ([3]2007): Studienbuch Grundschulpädagogik. Klinkhardt: Bad Heilbrunn.

Schreiber, Dagmar; Witt, Katja; Kliewe, Anke; Democaris e. V. (o.J.): Klasse werden – Klasse sein. Klassenrat. Berlin: bildungsserver.berlin-brandenburg.de. (Letzter Stand: Januar 2019).

Schulze, Kordula (2011): Brauchen Grundschullehrer grammatische Kompetenzen? Einstellungen und Selbsteinschätzungen von Deutschlehrern. In: Köpcke, Klaus-Michael und Christina Noack (Hrsg.): Sprachliche Strukturen thematisieren.

Sprachunterricht in Zeiten der Bildungsstandards. Diskussionsforum Deutsch, Bd. 28. Schneider Verlag Hohengehren: Baltmannsweiler, S. 27-46.

Seifert, Anja; Wiedenhorn, Thomas (2018): Grundschulpädagogik. Schöningh: Paderborn.

Stahns, Ruven; Bremerich-Vos, Albert (2013): Aspekte empirischer Unterrichtsforschung. Zur Videographie bzw. Transkription von Grammatikunterricht. In: Köpcke, Klaus-Michael und Arne Ziegler (Hrsg.): Schulgrammatik und Sprachunterricht im Wandel. De Gruyter: Berlin und Boston, S. 151-178.

Stahns, Ruven (2013): Kognitive Aktivierung im Grammatikunterricht. Videoanalysen zum Deutschunterricht. Schneider Verlag Hohengehren: Baltmannsweiler.

Stude, Juliane (2014): Kinder sprechen über Sprache. Eine Untersuchung zu interaktiven Ressourcen des frühen Erwerbs metasprachlicher Kompetenzen. Fillibach: Stuttgart.

Szagun, Gisela ([6]2016): Sprachentwicklung beim Kind. Beltz Verlag: Weinheim und Basel.

Tomasello, Michael (2007): Konstruktionsgrammatik und früher Erstspracherwerb. In: Fischer, Kerstin und Anatol Stefanowitsch (Hrsg.): Konstruktionsgrammatik. Von der Anwendung zur Theorie. Stauffenburg Verlag: Tübingen, S.19-37.

Weinert, Franz E. (2001): Vergleichende Leistungsmessung in Schulen – Eine umstrittene Selbstverständlichkeit. In: ders. (Hrsg.): Leistungsmessungen in Schulen. Weinheim und Basel, S. 17-31.

Wildemann, Anja (2015): Heterogenität im sprachlichen Anfangsunterricht. Von der Diagnose bis zur Unterrichtsgestaltung. Kallmeyer und Klett: Seelze.

Willems, Ariane S. (2016): Unterrichtsqualität und professionelles Lehrerhandeln. Prozesse und Wirkungen guten Unterrichts aus dem Blickwinkel der empirischen Schul- und Unterrichtsforschung. In: Porsch, Raphaela (Hrsg.): Einführung in die allgemeine Didaktik. Ein Lehr- und Arbeitsbuch für Lehramtsstudierende. Waxmann: Münster und New York, S. 289-338.

Ziener, Gerhard (2016): Herausforderung Vielfalt. Kompetenzorientiert unterrichten zwischen Standardisierung und Individualisierung. Kallmeyer und Klett: Seelze.

Abbildungsverzeichnis

Abb. 1: Kompetenzbereiche im Fach Deutsch Primarstufe (KMK 2005, 7) 2

Abb. 2: Grundlegende sprachliche Strukturen und Begriffe (KMK 2005, 14) 3

Abb. 3: Modell für die Unterrichtskonzeptentwicklung (Luptowicz 2019) 6

Abb. 4: Bausteine von KIDSS 12

Abb. 5: Begründungsebenen von KIDSS 14

Abb. 6: Bio-ökologisches Modell zur Umwelt des Kindes (Siegler u.a. 2008, 492) 16

Abb. 7: Integration von Konstruktion und Instruktion in der Praxis (Hansen 2010, 11) 20

Abb. 8: Rolle des inneren Monitors bei der Sprachproduktion (Ossner 2010, 135) 22

Abb. 9: 3-Ebenen-Modell 23

Abb. 10: Didaktische Landkarte KIDSS 24

Abb. 11: Elementare didaktische Aufgaben (Ziener 2016, 27) 26

Abb. 12: Ausbildung grammatischen Könnens mit zunehmendem Lernalter 28

Abb. 13: Kooperative Lernmethoden von KIDSS 33

Abb. 14: Vorlage Placemat 34

Abb. 15: KIDSS-orientierte Lernevaluation 37

Abb. 16: Beobachtungsbogen grammatisches Können 38

Abb. 17: Beobachtungsbogen metasprachliche Fähigkeiten 39

Abb. 18: Beobachtungsbogen metakommunikative Fähigkeiten 40

Abb. 19: Ausschnitte aus dem Erklärvideo 61

Abb. 20: Der Struwwelpeter (Hoffmann 1845) 64

Abb. 21: Auszug aus dem Bilderbuch „Eltern richtig erziehen“ (Grossmann-Hensel 2016) 85

Abb. 22: Auszug aus dem Bilderbuch „Eltern richtig erziehen“ (Grossmann-Hensel 2016) 87

Tabellenverzeichnis

Tab. 1: Graduierung metasprachlicher Fähigkeiten 29

Tab. 2: Graduierung metakommunikativer Fähigkeiten 30

Tab. 3: KIDSS-Werkstatt 35

Tab. 4: Sequenzüberblick 62